CB065628

chocolate

chocolate

Receitas irresistíveis de sobremesas,
bolos, trufas e outras delícias

Eric Lanlard

Fotografias de Kate Whitaker

PUBLIFOLHA

Para Paul e Bobby,
por seu permanente apoio.

Título original: *Chocolat*

Copyright do texto © 2013 Eric Lanlard
Copyright do projeto gráfico © 2013 Octopus Publishing Group Ltd
Copyright das fotografias © 2013 Kate Whitaker
Copyright © 2015 Publifolha – Divisão de Publicações
da Empresa Folha da Manhã S.A.

Publicado originalmente na Grã-Bretanha em 2013 pela Mitchell Beazley, uma divisão da Octopus Publishing Group Ltd., Endeavour House, 189 Shaftesbury Avenue, Londres WC2H 8JY, Inglaterra.

Todos os direitos reservados. Nenhuma parte desta obra pode ser reproduzida, arquivada ou transmitida de nenhuma forma ou por nenhum meio sem a permissão expressa e por escrito da Empresa Folha da Manhã S.A., por sua divisão de publicações Publifolha.

Proibida a comercialização fora do território brasileiro.

Coordenação do projeto: Publifolha
Editora-assistente: Andréa Bruno
Coordenadora de produção gráfica: Mariana Metidieri
Produção editorial: Página Viva
Edição: Lana Nowikow
Tradução: Eric Heneault
Revisão: Marília Bueno, Marina Cervone
Consultoria: Adriana Barreto Figueiredo

Edição original: Octopus Publishing Group Ltd.
Publisher: Alison Starling
Diretora de arte e design: Juliette Norsworthy
Editora sênior: Sybella Stephens
Consultoras culinárias: Rachel Wood, Wendy Lee
Fotografia: Kate Whitaker
Produção de objetos: Liz Belton
Produção: Caroline Alberti

Dados Internacionais de Catalogação na Publicação (CIP)
(Câmara Brasileira do Livro, SP, Brasil)

Lanlard, Eric
  Chocolate : receitas irresistíveis de sobremesas, bolos, trufas e outras delícias / Eric Lanlard ; fotografias de Kate Whitaker ; [tradução Eric Heneault]. -- São Paulo : Publifolha, 2015.

  Título original: Chocolat.
  ISBN 978-85-7914-569-8

  1. Culinária (Chocolate) 2. Receitas 3. Sobremesas de chocolate I. Whitaker, Kate. II. Título.

15-01549   CDD-641.6374

Índices para catálogo sistemático:
1. Sobremesas de chocolate : Receitas culinárias :
   Economia doméstica 641.6374

Este livro segue as regras do Acordo Ortográfico da Língua Portuguesa (1990), em vigor desde 1º de janeiro de 2009.

Impresso na C&C Offset Printing Co Ltd., China.

PUBLIFOLHA
Divisão de Publicações do Grupo Folha
Al. Barão de Limeira, 401, 6º andar
CEP 01202-900, São Paulo, SP
Tel.: (11) 3224-2186/2187/2197
www.publifolha.com.br

NOTA DO EDITOR
Apesar de todos os cuidados tomados na elaboração das receitas deste livro, os editores não se responsabilizam por erros ou omissões decorrentes da preparação dos pratos.

Pessoas com restrições alimentares, grávidas e lactantes devem consultar um médico especialista sobre os ingredientes de cada receita antes de prepará-la.

As fotos deste livro podem conter acompanhamentos ou ingredientes meramente ilustrativos.

Observações, exceto se orientado de outra forma:
• Use sempre ingredientes frescos
• O forno deve ser preaquecido na temperatura indicada na receita

Equivalência de medidas:
• 1 colher (chá) = 5 ml
• 1 colher (sopa) = 15 ml
• 1 xícara (chá) = 250 ml

Sumário

Introdução	6
Breve história do chocolate	8
Conheça o chocolate	10
Como trabalhar o chocolate	11
Direto da confeitaria	14
Sobremesas	64
Trufas e outras delícias	124
Bebidas, pastas e caldas	148
Índice	172
Agradecimentos	176

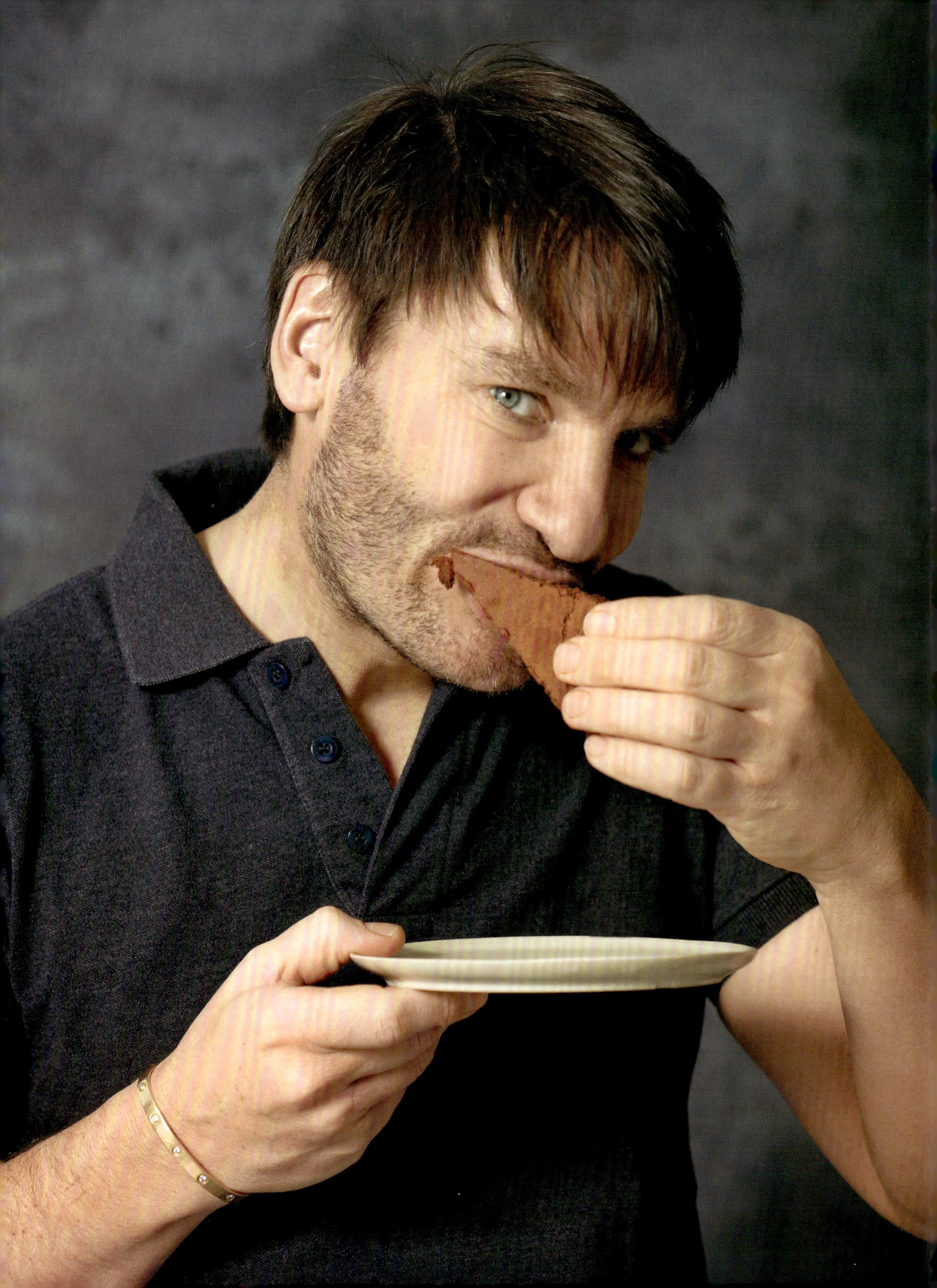

Introdução

Meu interesse por chocolate – o "alimento dos deuses" – despertou quando eu tinha apenas 10 anos de idade. Mas nossa relação de amor começou bem antes, do tempo em que eu ainda era bem pequeno e todos os dias passava com meus pais pela confeitaria do bairro para comprar um brioche e uma barra de chocolate Poulain para ir comendo a caminho da escola. Havia todo um ritual: eu puxava a barra da embalagem com muito cuidado para não quebrá-la e ia saboreando devagarzinho até terminar. Anos depois, quando iniciei meu aprendizado na arte da chocolataria, foram essas lembranças que me motivaram escolher a confeitaria Le Grand, em Quimper, a única do lugar que fazia seu próprio chocolate!

Fascinado por chocolate como sou, procurei conhecer a sua história, origem e técnicas de produção. Para entender o processo como um todo, da fava de cacau ao delicioso produto final, tive a sorte de visitar uma fazenda produtora na América do Sul e uma plantação em Trinidad e Tobago, onde pude tocar, provar, sentir e acompanhar o longo processo de torrefação, conchagem, mistura e moldagem em barras e outras infinitas formas que o chocolate pode ter.

Mas, mesmo que adore comer chocolate, é como ingrediente de confeitaria que eu o prefiro e com este livro quero compartilhar a minha paixão. Aqui você vai encontrar desde bebidas achocolatadas, bolinhos, bolos, musses, trufas e petits fours até preparações elaboradas para ocasiões especiais. Junte-se a mim nessa deliciosa loucura que é cozinhar com chocolate!

Eric

Breve história do chocolate

Originário das florestas tropicais da América Central, o cacaueiro já era cultivado em 1500 a.C. pelos olmecas. Mais tarde, maias e astecas também começaram a apreciar o *xocolatl*, uma bebida preparada com favas de cacau torradas e esmagadas em pedra quente, transformada numa pasta e então misturada à água quente e temperada com baunilha, pimenta, canela e sementes de anis. Era considerada uma bebida nutritiva, energética e afrodisíaca. Os maias e os astecas também usavam as preciosas favas como moeda de troca — impostos e comércio de escravos eram pagos e negociados com elas.

Em 1519, o espanhol Hernán Cortés chegou ao lugar onde hoje é o moderno México para conquistar o império asteca e foi imediatamente enfeitiçado por uma xícara de *xocolatl* que o próprio imperador Montezuma preparou e lhe ofereceu. Mais tarde Cortés escreveria: "Depois de beber esse elixir você pode seguir viajando pelo mundo afora sem sentir cansaço nem precisar de outro alimento". Em 1524, Cortés mandou uma carga de favas de cacau a Carlos I, rei da Espanha, para que a realeza começasse a degustar a preciosa novidade que adoçavam com mel. A Espanha manteve o monopólio do comércio do cacau durante muitos anos até que, durante o século XVII, este começou a se espalhar por toda a Europa, especialmente na Itália, na França e na Grã-Bretanha.

À medida que o chocolate se popularizou, foram surgindo equipamentos e técnicas de tratamento sofisticados, mas foi só a partir de 1802 que os italianos industrializaram plenamente a sua produção. Apesar disso, o chocolate ao leite como o conhecemos só foi criado em 1875 pelo suíço Daniel Peter, enquanto seu compatriota Rodolphe Lindt inventava o processo de conchagem para refinar a textura, o que revolucionou a maneira como o chocolate é feito e consumido.

O processo de produção
A vida de minha iguaria preferida começa no fruto do cacaueiro, árvore que cresce nos trópicos da África ocidental, do Sudeste Asiático e da América do Sul — as melhores variedades são as de pequenas plantações ou fazendas familiares. De dentro do fruto do cacaueiro são extraídas as sementes ou amêndoas — como são chamadas — com as quais é feito o chocolate.

Os frutos são colhidos e levados às cooperativas para serem abertos; as amêndoas e a polpa são retiradas, fermentadas, colocadas para secar e então exportadas para processamento. Como o café, depois de secas as amêndoas são torradas, trituradas, moídas e prensadas até se transformarem em dois produtos distintos: a manteiga de cacau e a torta de cacau. Depois, com a combinação de processos de aquecimento e refrigeração, refino, acréscimo de açúcar e outros ingredientes, o chocolate está finalmente pronto para ser transformado em infinitos formatos e ser consumido ou utilizado no preparo de doces.

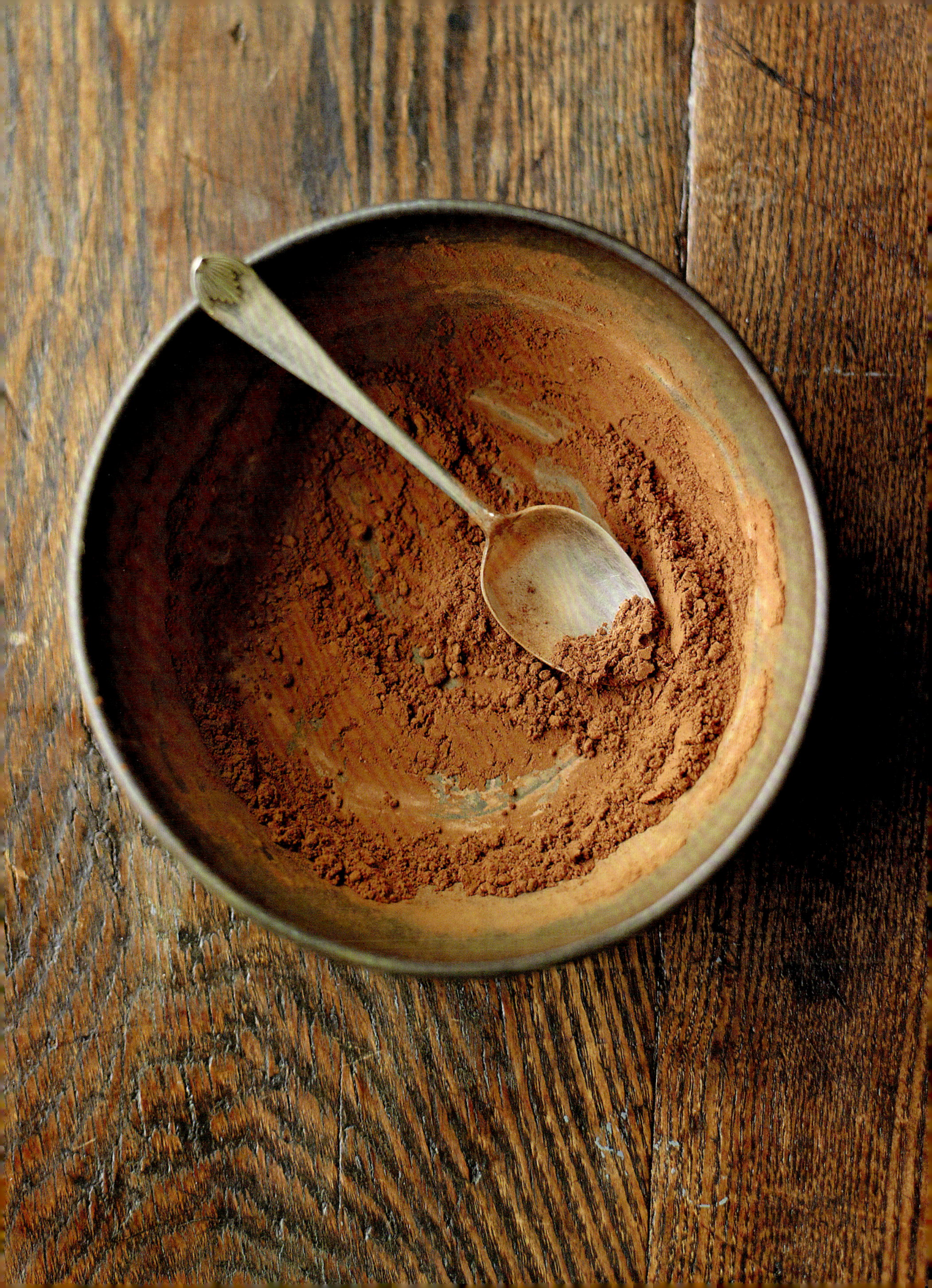

Conheça o chocolate

Como escolher um bom chocolate

A escolha do chocolate é uma questão de gosto. Na sua forma natural o cacau é amargo, de modo que o gosto e a qualidade do chocolate dependem da porcentagem de cacau que ele contém, da proveniência das sementes e do processo de produção. O chocolate de boa qualidade tem acabamento brilhante, quebra-se facilmente, tem gosto característico, é macio e não gruda no céu da boca.

A manteiga de cacau é a principal gordura do chocolate premium. Para fazer doces e sobremesas, prefiro utilizar chocolate com no máximo 70% de cacau, já que os chocolates com maior porcentagem são amargos demais.

Como conservar o chocolate

Evite guardar o chocolate na geladeira – escolha um local fresco (15-20°C), seco e escuro, sem odores fortes de temperos ou comidas.

Se seu chocolate apresentar uma descoloração esbranquiçada na superfície (bolor de chocolate), é melhor jogá-lo fora, pois significa que ficou velho ou foi deixado em temperaturas extremas.

Como trabalhar o chocolate

Derreter chocolate

Em banho-maria

A maneira clássica de derreter o chocolate é colocá-lo em uma tigela refratária sobre uma panela com água antes do ponto de fervura. Para obter um resultado ainda melhor, o segredo é derreter o chocolate devagarzinho, em fogo brando, sem que a tigela toque a superfície da água.

No micro-ondas

Uma alternativa consiste em colocar o chocolate em uma tigela própria para micro-ondas, derretê-lo na potência máxima por alguns segundos, retirar, misturar com cuidado e repetir a operação até que esteja derretido. Se tiver dúvida, é preferível fazer um teste com uma pequena quantidade de chocolate para saber qual o tempo necessário para derreter. Lembre-se de que o chocolate ao leite ou branco queimam mais facilmente que o chocolate amargo. Assim, cuidado ao derretê-lo, não importa o processo escolhido.

Temperar chocolate

O que significa temperar?

A temperagem é uma técnica usada por confeiteiros e chocolateiros para estabilizar o chocolate e lhe dar um acabamento brilhante e crocante, de modo que atinja o ponto correto para cobrir bombons, trufas, biscoitos e bolos. O chocolate deve ser derretido e em seguida resfriado até a temperatura ideal para servir de cobertura.

A técnica

Para obter um resultado melhor, use um termômetro próprio para chocolate ou açúcar de modo que possa verificar se a temperatura correta foi alcançada em cada etapa.

Se for usar chocolate em barra, pique-o o mais fino possível. Em uma tigela refratária, derreta dois terços em banho-maria em fogo brando (veja Derreter chocolate na p. 11). Retire a tigela da panela quando o chocolate derreter e alcançar a temperatura desejada (veja tabela na página ao lado). Acrescente aos poucos o restante do chocolate, misturando devagar nos intervalos. Continue mexendo até que todo o chocolate derreta e atinja a temperatura de 26-27°C (veja tabela na página ao lado).

Coloque a tigela de chocolate derretido de volta sobre a panela e aqueça novamente até 28-30°C (veja tabela na página ao lado). Para testar, respingue algumas gotas de chocolate sobre um pedaço de papel-manteiga – o chocolate deve endurecer em poucos minutos e estar pronto para o uso. Se endurecer rápido demais, coloque a tigela de volta sobre a panela e aqueça por alguns segundos até que o preparo fique mais fluido. Use-o como dip ou cobertura.

Temperaturas para temperagem do chocolate

Chocolate	Para derreter	Para esfriar	Para reaquecer
Amargo	50°C	27°C	30°C
Ao leite	45°C	27°C	29°C
Branco	40°C	26°C	28°C

Bolo marmorizado de chocolate e baunilha

Direto da confeitaria

Bolo marmorizado de chocolate e baunilha

Essa é uma das minhas primeiras receitas. Eu costumava fazer esse bolo às quartas-feiras quando não havia aula – é divertido, fácil de fazer e perfeito para servir no lanche da tarde.

Rendimento: 8 porções
Preparo: 15 minutos, mais o tempo para esfriar
Tempo de forno: 50 minutos

125 g de manteiga sem sal, derretida e resfriada, mais um pouco para untar

125 g de chocolate amargo (até 70% de cacau) picado grosseiramente

5 ovos, claras e gemas separadas

125 g de açúcar

125 g de farinha de trigo

2 colheres (chá) de fermento em pó

2 colheres (chá) de extrato de baunilha

Preaqueça o forno a 180°C (forno de convecção a 160°C). Unte e forre com papel-manteiga uma fôrma de bolo inglês com capacidade para 900 ml.

Derreta o chocolate em banho-maria em fogo brando.

Bata as gemas com o açúcar na batedeira até obter um creme claro e fofo. Acrescente a manteiga e peneire e incorpore a farinha de trigo e o fermento, misturando com uma espátula.

Divida o preparo em duas tigelas. Numa delas junte a baunilha e na outra, o chocolate derretido. Em outra tigela limpa e seca, bata as claras em neve. Misture delicadamente a metade das claras em neve em cada um dos preparos.

Espalhe camadas alternadas das massas na fôrma e, com um palito, crie o efeito mármore. Asse por 45 minutos ou até que, inserindo um palito no centro do bolo, ele saia limpo. Deixe esfriar por 10 minutos antes de desenformar. Veja o resultado na página anterior.

Dica

Para deixar o bolo ainda mais apetitoso, faça uma cobertura de chocolate.

DIRETO DA CONFEITARIA **17**

1. Bata as gemas e o açúcar até obter um creme claro.

2. Acrescente a manteiga, a farinha de trigo e o fermento e misture.

3. Divida em duas tigelas e adicione o chocolate derretido a uma delas.

4. Certifique-se de que tanto a baunilha quanto o chocolate estão bem mesclados.

5. Misture delicadamente a metade das claras em neve em cada uma das tigelas.

6. Espalhe camadas alternadas das massas na fôrma e, com um palito, crie o efeito mármore.

Rosquinha de chocolate e canela

Sempre que vou aos Estados Unidos, faço questão de visitar algum lugar que faça essas rosquinhas de canela tão cheirosas e apetitosas, para saboreá-las assim que saem do forno. Na minha receita acrescento uma cobertura de glacê e, claro, não poderia faltar meu ingrediente predileto – o chocolate!

Rendimento: 11 unidades
Preparo: 30 minutos, mais o tempo para crescer
Tempo de forno: 25-30 minutos

1 kg de farinha de trigo, mais um pouco para enfarinhar

500 ml de leite quente

150 g de açúcar

45 g de fermento biológico fresco ou 15 g de fermento biológico seco (1½ envelope)

200 g de manteiga sem sal, derretida, mais um pouco para untar

2 colheres (chá) de extrato de baunilha

1 ovo inteiro, mais 1 ovo batido

Para o recheio

75 g de chocolate amargo (até 70% de cacau) ralado

100 g de manteiga sem sal, derretida e resfriada

200 g de açúcar mascavo

3 colheres (sopa) de canela em pó

Para o glacê

75 g de açúcar de confeiteiro

1 colher (chá) de extrato de baunilha

1 colher (sopa) de água

Peneire a farinha. Na batedeira, bata o leite, o açúcar, o fermento, a manteiga derretida, a baunilha e o ovo inteiro, até obter um creme fofo. Adicione a farinha aos poucos, batendo sempre, até a massa se soltar da borda da tigela. Coloque a massa em uma tigela grande e enfarinhada e cubra com filme de PVC ou pano úmido. Deixe a massa crescer por 45-60 minutos em temperatura ambiente ou até dobrar de volume.

Para o recheio, bata o chocolate ralado, a manteiga derretida e resfriada, o açúcar e a canela até obter uma pasta cremosa. Reserve.

Depois que a massa cresceu, volte a sová-la para retirar o ar. Coloque em uma superfície levemente enfarinhada e com o rolo abra em um retângulo de aproximadamente 28 cm x 70 cm e 8 mm de espessura. Espalhe o recheio com uma espátula. Começando pelo comprimento, enrole como um rocambole sem esticar a massa. Com uma faca afiada, corte em fatias de cerca de 6 cm de largura. Coloque as fatias em duas assadeiras untadas e enfarinhadas. Cubra com filme de PVC ou pano úmido e deixe a massa crescer por mais 30 minutos em local aquecido.

Preaqueça o forno a 200°C (forno de convecção a 180°C). Enquanto isso, bata 1 ovo com um pouco de água e pincele de leve sobre as rosquinhas.

Asse por 10 minutos e então reduza a temperatura para 180°C (forno de convecção a 160°C). Asse por mais 15-20 minutos, ou até que as rosquinhas fiquem douradas, assadas no centro, mas pareçam ocas (bata de leve na base para testar).

Para o glacê, misture o açúcar de confeiteiro, a baunilha e a água. Assim que as rosquinhas estiverem assadas, pincele-as generosamente e deixe esfriar. Sirva com café ou chocolate quente.

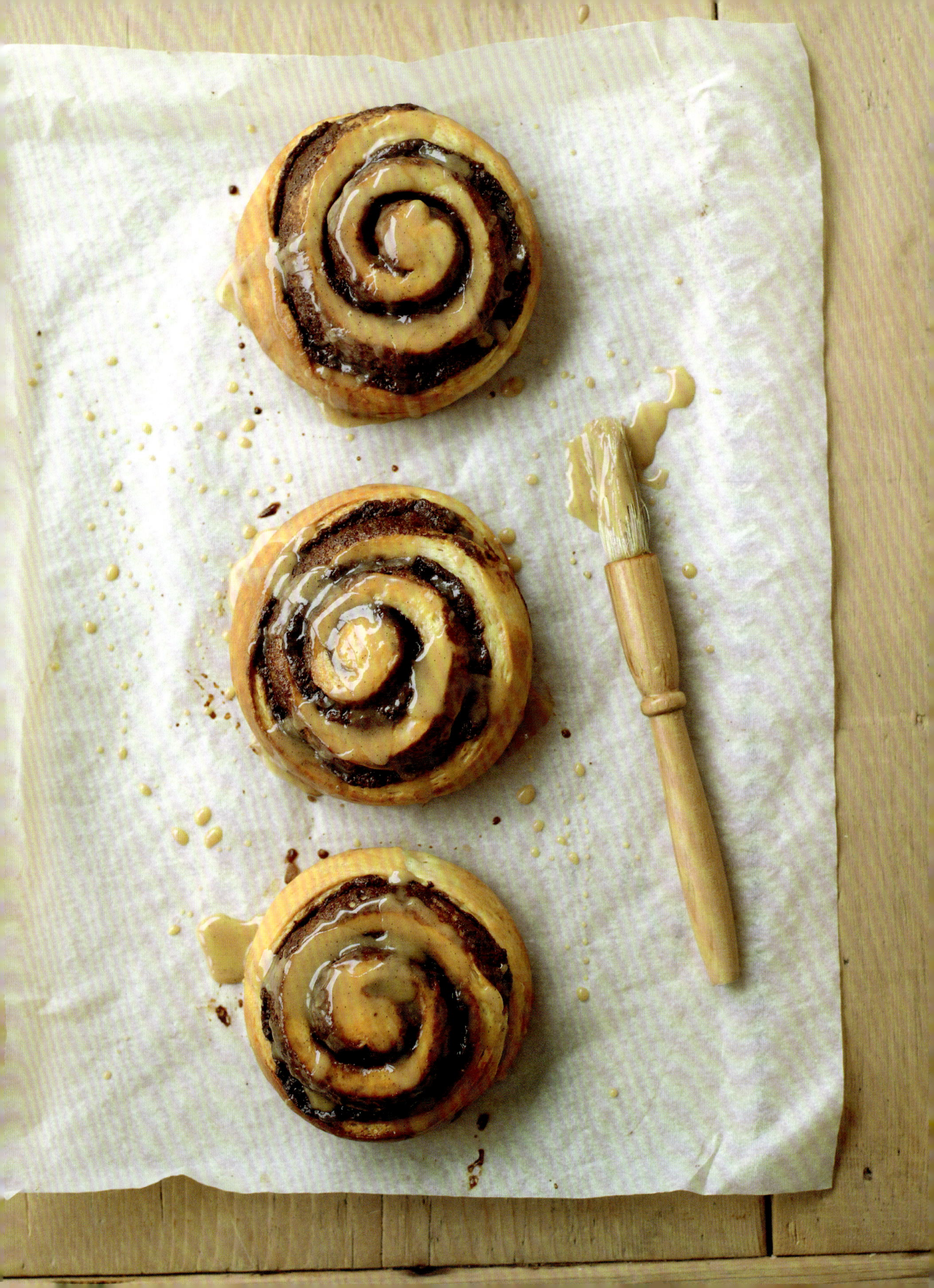

Pain au chocolat

Junto com o croissant, esse pão de chocolate é a presença mais comum no café da manhã dos franceses. Cresci comendo essas delícias folhadas a caminho da escola. Para fazer essa receita, você vai ter que levantar da cama um pouco mais cedo, mas vale a pena, especialmente num fim de semana.

Rendimento: 6 unidades
Preparo: 40 minutos, mais o tempo para crescer e esfriar
Tempo de forno: 25-30 minutos

250 ml de leite quente

1 colher (chá) de fermento biológico seco

165 g de manteiga sem sal, mais um pouco para untar

40 g de açúcar

1 colher (chá) de sal

450 g de farinha de trigo peneirada, mais um pouco para enfarinhar

200 g de chocolate amargo (até 70% de cacau) em barra, cortado em 12 barrinhas

1 ovo batido

Em uma batedeira de tipo planetária, bata o leite, o fermento, 15 g de manteiga, o açúcar e o sal com o batedor de massa. Acrescente a farinha aos poucos batendo até a massa se soltar da borda da tigela. Coloque em uma tigela levemente enfarinhada e cubra com filme de PVC ou pano umedecido. Deixe a massa crescer por 40 minutos em temperatura ambiente ou até que dobre de volume.

Com um rolo, amasse levemente o restante da manteiga entre duas folhas de papel-manteiga de 12 cm x 20 cm e coloque na geladeira.

Depois que a massa tiver crescido, volte a sová-la para retirar o ar. Coloque em uma superfície levemente enfarinhada e abra em um retângulo de 20 cm x 40 cm. Retire a manteiga do papel-manteiga e coloque no centro da massa. Dobre-a sobre a manteiga como um envelope, de forma que a manteiga fique totalmente coberta.

Abra a massa novamente em outro retângulo de 20 cm x 50 cm e dobre-a no sentido do comprimento em três, como uma carta comercial. Fim da primeira parte. Vire a massa 90 graus de modo que a borda dobrada fique à sua esquerda e a massa à sua frente, como um livro. Abra de novo a massa em um retângulo de 20 cm x 50 cm e repita o processo de dobrar em três. Fim da segunda parte. Cubra a massa com filme de PVC e leve à geladeira por 30 minutos ou mais. Repita o processo mais duas vezes (quatro no total) e leve novamente à geladeira por mais 30 minutos.

Em uma superfície enfarinhada, abra a massa em um retângulo de 20 cm x 60 cm e 5 mm de espessura e corte em seis tiras de cerca de 10 cm x 20 cm cada. Coloque duas barrinhas de chocolate sobre o lado menor de uma tira de massa e enrole cobrindo totalmente o chocolate. Repita o processo com o restante do chocolate e da massa. Coloque o lado da dobra sobre uma assadeira untada e achate de leve com a mão. Cubra com filme de PVC e deixe a massa crescer em temperatura ambiente por 35-40 minutos.

Preaqueça o forno a 180°C (forno de convecção a 160°C). Pincele os pãezinhos com o ovo batido e asse por 25-30 minutos, ou até que fiquem com uma bonita cor dourada. Deixe esfriar antes de servir.

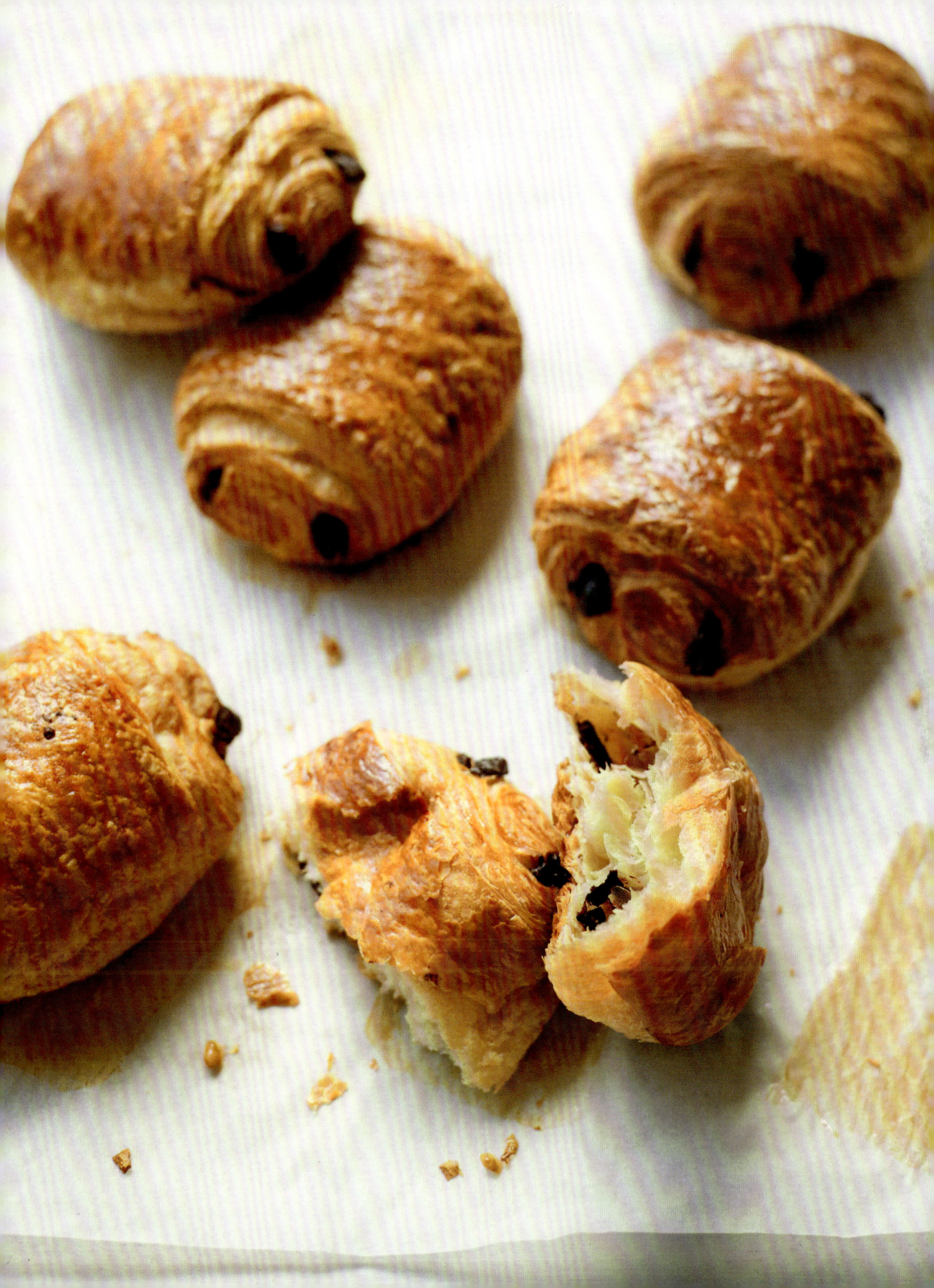

Brownie de chocolate

Existem muitas receitas de brownie, mas essa, com chocolate amargo, é a minha versão preferida. Se quiser, pode acrescentar nozes e frutas secas a gosto. Não deixe assar demais.

Rendimento: 16 unidades
Preparo: 10 minutos
Tempo de forno: 30 minutos

200 g de chocolate amargo (até 70% de cacau) picado grosseiramente

150 g de manteiga sem sal, mais um pouco para untar

2 colheres (chá) de extrato de baunilha

150 g de açúcar

3 ovos batidos

75 g de farinha de trigo peneirada

2 colheres (sopa) de cacau em pó

1 colher (chá) de sal

100 g de gotas de chocolate amargo (até 70% de cacau)

Preaqueça o forno a 180°C (forno de convecção a 160°C). Unte uma fôrma quadrada de 19 cm e forre com papel-manteiga.

Derreta, em banho-maria, o chocolate picado, a manteiga e a baunilha. Retire do fogo, acrescente o açúcar e misture. Deixe esfriar por alguns minutos.

Bata os ovos e adicione a farinha peneirada, o cacau e o sal; misture até a massa ficar fofa e brilhante. Pare a batedeira e incorpore as gotas de chocolate.

Distribua e alise a massa na fôrma. Asse por 25 minutos, ou até que a parte de cima comece a rachar e o centro ainda esteja meio cremoso. Desligue o forno, mas mantenha o brownie por mais 5 minutos antes de retirá-lo. Deixe esfriar totalmente na fôrma.

Corte o brownie em dezesseis quadrados pequenos e tire da fôrma. Conserve em recipiente fechado por 4 dias.

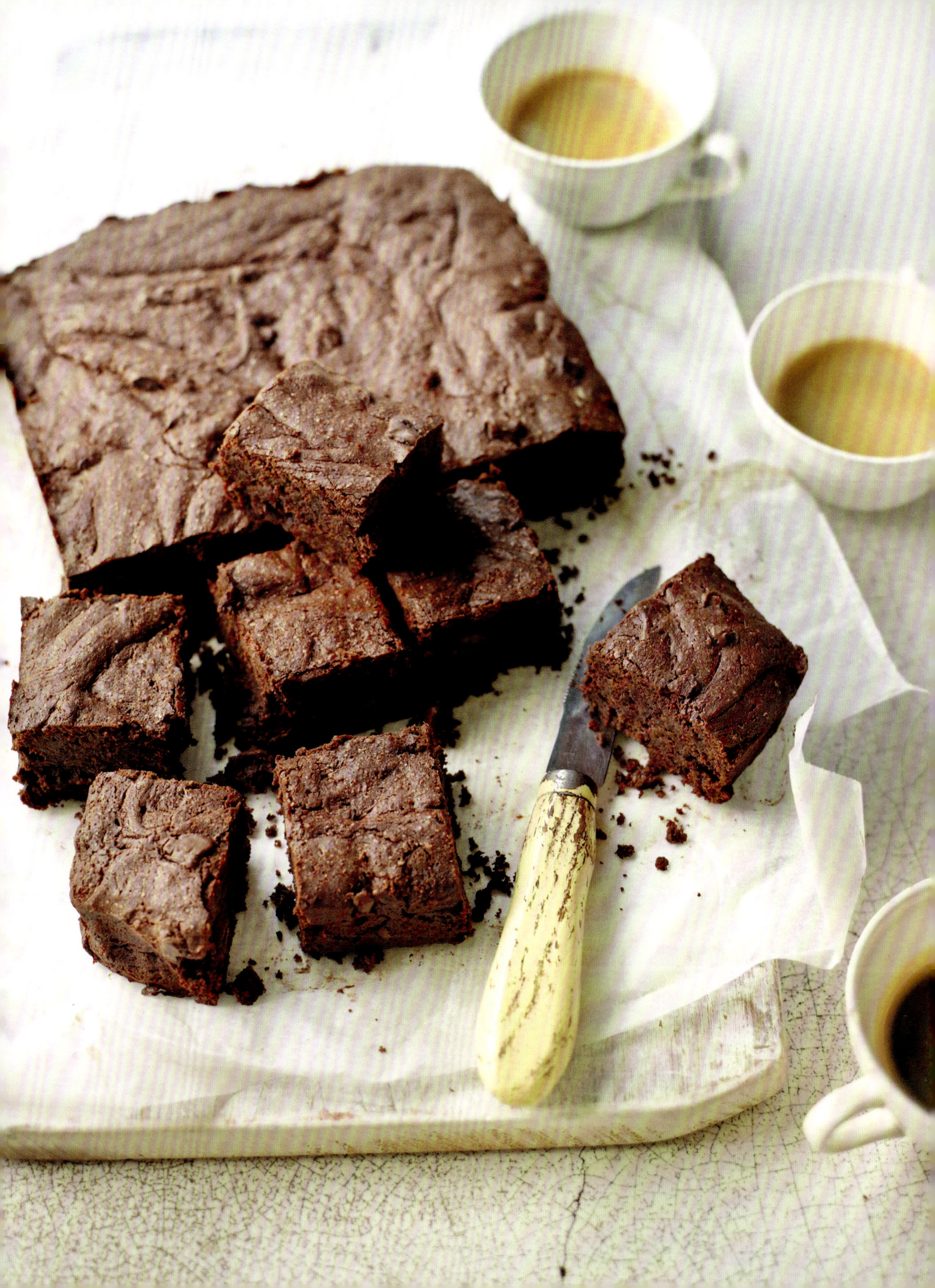

Kouign amann de chocolate

O kouign amann é uma especialidade da Bretanha, minha terra natal. Quer dizer "bolo amanteigado", e essa é minha versão com chocolate.

Rendimento: 12 porções
Preparo: 45 minutos, mais o tempo para crescer e esfriar
Tempo de forno: 25-30 minutos

75 g de manteiga sem sal, mais um pouco para untar

8 g de fermento biológico fresco ou 1 colher (chá) de fermento biológico seco

80 ml de água morna

200 g de farinha de trigo, mais um pouco para enfarinhar

1 colher (chá) de sal

125 g de manteiga com sal

150 g de açúcar

50 g de chocolate amargo (até 70% de cacau) ralado

Derreta 50 g de manteiga sem sal numa panela pequena. Em uma tigela, dissolva o fermento na água morna e misture à manteiga derretida.

Peneire a farinha e o sal em uma tigela grande. Faça uma cova no centro, adicione a mistura de fermento e manteiga e sove até formar uma massa. Coloque-a numa superfície enfarinhada e sove por mais 10 minutos, até ficar macia e elástica. Cubra com filme de PVC e leve à geladeira por 30 minutos ou mais.

Com um rolo, amasse delicadamente a manteiga com sal entre duas folhas de papel-manteiga para formar um retângulo de 12 cm x 20 cm. Reserve na geladeira junto com a massa.

Abra a massa numa superfície levemente enfarinhada formando um disco de 30 cm. Coloque a manteiga resfriada no centro e polvilhe sobre ela um quarto do açúcar e do chocolate ralado. Dobre a massa sobre a manteiga como um envelope, de modo que a manteiga fique totalmente coberta. Bata na massa de leve com o rolo e abra de novo em um retângulo de 20 cm x 40 cm.

Com um pincel, retire os resíduos de farinha da massa. Dobre-a em três no comprimento, no formato de uma carta. Isso completa a primeira parte. Gire a massa 90 graus para que a borda dobrada fique à sua esquerda e a massa à sua frente como um livro fechado. Abra de novo a massa em um retângulo de 20 cm x 40 cm. Polvilhe com mais um quarto do açúcar e do chocolate e repita o processo. Isso completa a segunda parte. Cubra com filme de PVC e leve à geladeira por 30 minutos. Repita o processo, cubra e leve à geladeira por mais 30 minutos.

Preaqueça o forno a 200°C (forno de convecção a 180°C). Unte e enfarinhe uma assadeira quadrada de 30 cm.

Abra a massa em uma superfície enfarinhada até obter um quadrado de 30 cm. Dobre cada ponta até o centro e vire a massa sobre a assadeira de modo que a parte lisa fique voltada para cima. Derreta o restante de manteiga sem sal e pincele a parte superior da massa. Polvilhe com o restante de açúcar e chocolate e deixe crescer em temperatura ambiente por 25 minutos.

Asse o kouign no forno por 25-30 minutos, ou até ficar com um aspecto dourado e caramelizado. Retire da fôrma antes que esteja completamente frio para o caramelo não grudar. Na Bretanha costumamos servi-lo quente, acompanhado de um copo de calvados, a nossa famosa aguardente de maçãs.

Madeleine de chocolate branco e limão

As madeleines voltaram à moda, principalmente as pequenininhas, servidas como petits fours. Prefiro as tradicionais, maiores, que não ressecam tão rápido, e essa versão com chocolate se conserva perfeitamente em um recipiente fechado.

Rendimento: 36 unidades
Preparo: 15 minutos
Tempo de forno: 35 minutos

300 g de farinha de trigo, mais um pouco para enfarinhar
125 g de manteiga sem sal, mais um pouco para untar
125 g de chocolate branco picado grosseiramente
4 ovos
225 g de açúcar
1½ colher (chá) de fermento em pó
raspas da casca de 1 limão-siciliano

Preaqueça o forno a 180°C (forno de convecção a 160°C). Unte e enfarinhe levemente uma fôrma com cavidades para doze madeleines.

Derreta a manteiga e o chocolate em banho-maria em fogo brando e deixe esfriar por alguns minutos.

Bata os ovos com o açúcar até obter um creme claro e fofo; acrescente o chocolate com a manteiga sem parar de bater. Peneire a farinha e o fermento juntos e então os acrescente delicadamente. Adicione as raspas de limão e bata até que a massa fique fofa e brilhante.

Despeje o preparo nas cavidades da fôrma para madeleines, preenchendo até atingir três quartos. Asse por 10 minutos, ou até que fiquem levemente douradas. Desenforme imediatamente e deixe esfriar. Repita o processo com o restante do preparo.

Dica

O chocolate branco deve ser derretido em temperatura mais branda para não queimar.

Minibolo red velvet com cobertura de chocolate branco

Esse bolo americano é famoso no mundo todo, e o meu toque de chocolate na cobertura o deixa ainda mais bonito e gostoso.

Rendimento: 6 unidades
Preparo: 40 minutos, mais o tempo para esfriar
Tempo de forno: 40 minutos

manteiga, para untar
125 ml de iogurte natural desnatado
1 colher (chá) de suco de limão
1 colher (sopa) de corante comestível vermelho
1 colher (chá) de extrato de baunilha
2 ovos
225 g de açúcar
275 ml de óleo
175 g de farinha de trigo
15 g de cacau em pó
½ colher (chá) de fermento em pó
½ colher (chá) de sal
2 colheres (chá) de vinagre de vinho branco
açúcar de confeiteiro, para polvilhar

Para a cobertura

75 g de chocolate branco picado grosseiramente
175 g de manteiga sem sal em temperatura ambiente
375 g de açúcar de confeiteiro
2 colheres (sopa) de leite

Preaqueça o forno a 180°C (forno de convecção a 160°C). Unte aros para bolos de 7 cm x 6 cm de diâmetro e 4 cm de altura, forre com papel-manteiga e coloque sobre uma assadeira também forrada com papel-manteiga. Você também pode usar forminhas para cupcakes do mesmo diâmetro dos aros.

Misture o iogurte com o suco de limão e bata com o corante e a baunilha. Reserve. Bata os ovos e o açúcar até obter um creme claro, diminua a velocidade e, aos poucos, acrescente o óleo até ficar bem incorporado. Adicione a mistura de iogurte, corante e baunilha. Peneire e incorpore a farinha, o cacau em pó, o fermento e o sal. Junte o vinagre.

Divida a mistura entre as forminhas, preenchendo cada uma até três quartos. Asse por 35 minutos, ou até que, inserindo um palito no centro dos bolos, ele saia limpo.

Deixe esfriar nas fôrmas por 5 minutos e desenforme para terminarem de esfriar.

Para a cobertura, derreta o chocolate em banho-maria e deixe esfriar. Bata a manteiga com metade do açúcar de confeiteiro até obter um creme e então vá acrescentando o restante do açúcar aos poucos, sempre batendo, até obter um creme leve. Junte o leite e o chocolate derretido já frio e bata por mais 2 minutos.

Para montar, corte o bolo horizontalmente em três fatias. Espalhe uma leve camada de cobertura sobre a primeira e cubra com a fatia do meio. Espalhe um pouco mais de cobertura na fatia do meio e cubra com a fatia de cima. Repita o processo até completar cinco minibolos, deixando um sem recheio. Coloque o restante da cobertura em um saco de confeitar com bico plano e cubra bem os cinco minibolos. Esfarele o bolinho restante e espalhe as migalhas sobre os cobertos. Polvilhe com açúcar de confeiteiro.

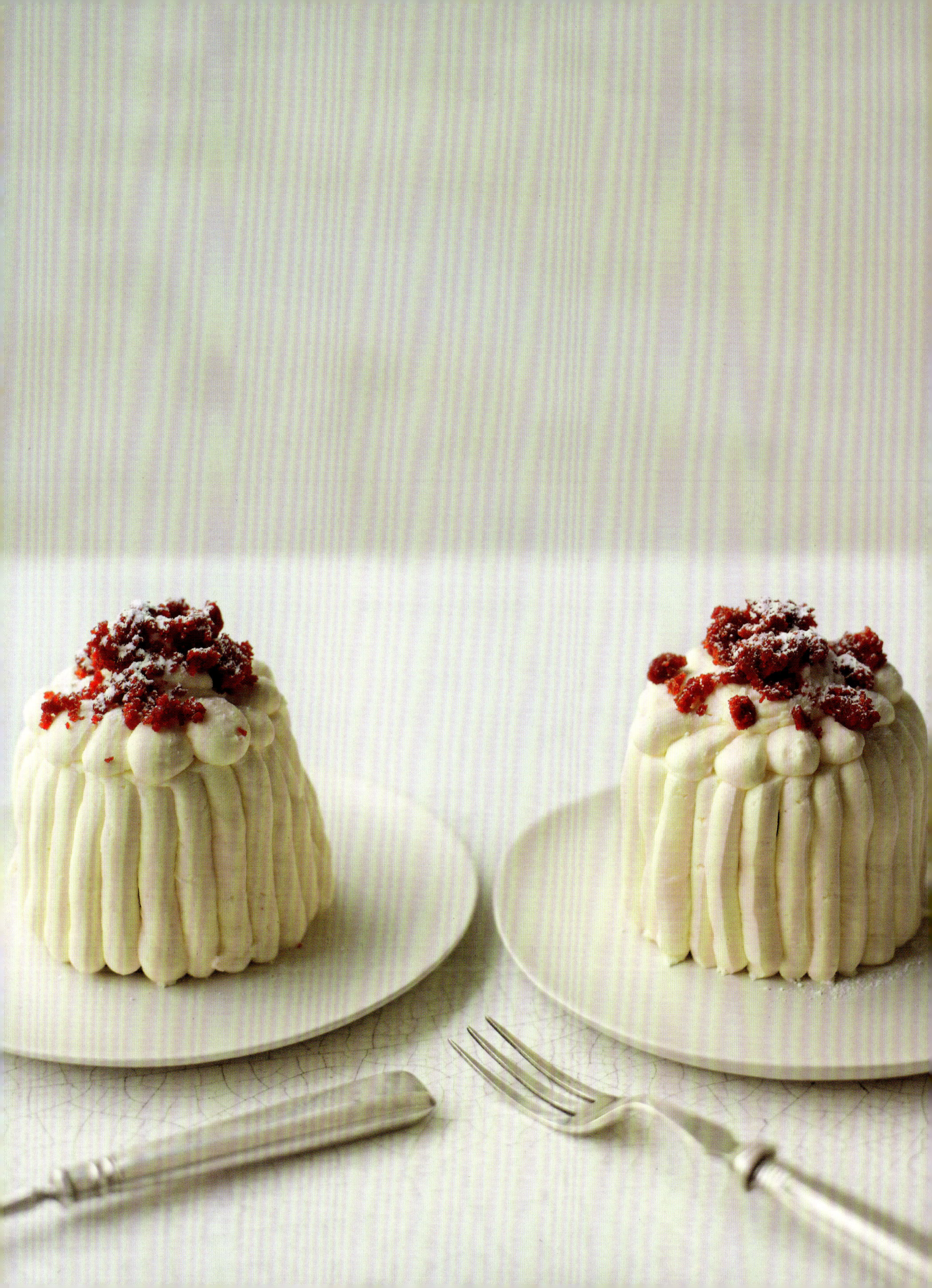

Pão de ló de chocolate sem farinha

Essa receita é ótima – sem farinha de trigo o bolo fica bem macio, úmido, além de não conter glúten. Fica tão pretinho e achocolatado que gosto de servi-lo com chantili e frutas vermelhas frescas.

Rendimento: 6 porções
Preparo: 10 minutos
Tempo de forno: 40 minutos

- 125 g de chocolate amargo (até 70% de cacau) picado grosseiramente
- 125 g de manteiga sem sal em temperatura ambiente, mais um pouco para untar
- 150 g de açúcar
- 3 ovos batidos
- 1 colher (chá) de extrato de baunilha
- 75 g de cacau em pó

Preaqueça o forno a 170°C (forno de convecção a 150°C). Unte uma fôrma de fundo removível de 20 cm de diâmetro e 6 cm de altura e forre com papel-manteiga também untado.

Derreta o chocolate em banho-maria em fogo brando e deixe esfriar.

Bata a manteiga com o açúcar até obter um creme claro e leve. Acrescente os ovos, um a um, em seguida o chocolate derretido já frio e a baunilha. Peneire e incorpore o cacau delicadamente.

Despeje a massa na fôrma e asse por 35 minutos, ou até que, inserindo um palito no centro do bolo, ele saia limpo. Deixe esfriar na própria fôrma por 10 minutos antes de desenformar.

Dica

Para acentuar a cor, polvilhe as laterais da fôrma untada com cacau em pó.

Biscoito macio irresistível!

Adoro esses biscoitos de miolo macio. O sabor intenso do açúcar mascavo, do recheio de macadâmia e das gotas de chocolate os deixa irresistíveis.

Rendimento: 24 unidades
Preparo: 15 minutos
Tempo de forno: 25-30 minutos

175 g de manteiga sem sal em temperatura ambiente

200 g de açúcar mascavo escuro

100 g de açúcar

1 colher (chá) de extrato de baunilha

2 ovos

250 g de farinha de trigo

½ colher (chá) de bicarbonato de sódio

½ colher (chá) de sal

100 g de gotas de chocolate amargo (até 70% de cacau)

100 g de gotas de chocolate branco

100 g de macadâmia picada grosseiramente

Preaqueça o forno a 180°C (forno de convecção a 160°C). Forre duas assadeiras com papel-manteiga.

Bata a manteiga, o açúcar mascavo e o açúcar até obter um creme fofo. Acrescente a baunilha e os ovos e continue batendo até a massa ficar leve e cremosa.

Peneire e incorpore a farinha, o bicarbonato e o sal e misture. Acrescente as gotas de chocolate e a macadâmia.

Com uma concha para sorvete, espalhe bolas da massa sobre as assadeiras forradas, deixando um espaço de 8 cm entre cada biscoito. Não achate a massa.

Asse por 12-15 minutos, ou até os biscoitos ficarem com aparência dourada e o centro um pouco mole. Deixe esfriar nas assadeiras por 5 minutos antes de transferi-los para uma superfície fria. Repita o processo com o restante da massa. Os biscoitos se conservam por alguns dias em recipiente fechado.

Dica

Para variar o recheio, substitua as gotas de chocolate e a macadâmia por frutas secas e outras nozes.

Moelle de chocolate amargo

Esse pão de ló molhadinho é uma base perfeita para rechear com creme de chocolate e cobrir com ganache. Decorado com frutas vermelhas e nozes, fica ainda mais bonito e gostoso.

Rendimento: 12-14 porções
Preparo: 30 minutos, mais o tempo para esfriar e firmar
Tempo de forno: 40-45 minutos

50 g de chocolate amargo (até 70% de cacau) picado grosseiramente

350 g de manteiga sem sal em temperatura ambiente, mais um pouco para untar

350 g de açúcar

50 g de melado

8 ovos ligeiramente batidos

300 g de farinha de trigo com fermento

50 g de cacau em pó

2 colheres (chá) de fermento em pó

50 g de farinha de amêndoa

frutas vermelhas ou secas e nozes, para enfeitar

açúcar de confeiteiro, para polvilhar

Para a ganache

200 ml de creme de leite fresco batido ligeiramente

200 g de chocolate amargo picado

Para o creme de chocolate

25 g de chocolate amargo picado grosseiramente

200 g de açúcar de confeiteiro peneirado

100 g de manteiga sem sal em temperatura ambiente

algumas gotas de extrato de baunilha

2 colheres (sopa) de creme de leite fresco

Preaqueça o forno a 170°C (forno de convecção a 150°C). Unte duas fôrmas redondas de 22 cm de diâmetro e forre com papel-manteiga. Derreta o chocolate em banho-maria em fogo brando.

Bata a manteiga com o açúcar até obter um preparo leve e fofo. Acrescente o melado e misture. Junte os ovos aos poucos e então adicione o chocolate derretido. Peneire a farinha, o cacau e o fermento, junte a farinha de amêndoa e incorpore. Termine de bater, até obter uma consistência lisa e brilhante.

Divida a massa entre as duas fôrmas e nivele a superfície. Asse por 30-35 minutos, ou até que, inserindo um palito no centro dos bolos, ele saia limpo. Deixe esfriar nas fôrmas por alguns minutos, desenforme e deixe esfriar completamente.

Para fazer a ganache, aqueça o creme batido quase até o ponto de fervura. Retire do fogo e junte o chocolate, batendo vigorosamente com uma colher de pau até que derreta e fique macio. Deixe esfriar em temperatura ambiente.

Para fazer o creme, derreta o chocolate em banho-maria e deixe esfriar. Bata a manteiga com o açúcar de confeiteiro até obter um creme fofo. Junte a baunilha, o chocolate derretido já frio e o creme de leite fresco, até obter uma consistência suficientemente espessa para espalhar sem escorrer.

Para a montagem, nivele a superfície dos bolos com uma faca. Espalhe o creme na parte superior de um deles e reserve sobre uma travessa. Sobreponha o outro pão de ló com a superfície plana virada para cima. Espalhe a ganache cobrindo-o inteiramente. Alise com uma espátula e deixe em temperatura ambiente. Antes de servir, enfeite com frutas vermelhas ou frutas secas e nozes e polvilhe com açúcar de confeiteiro.

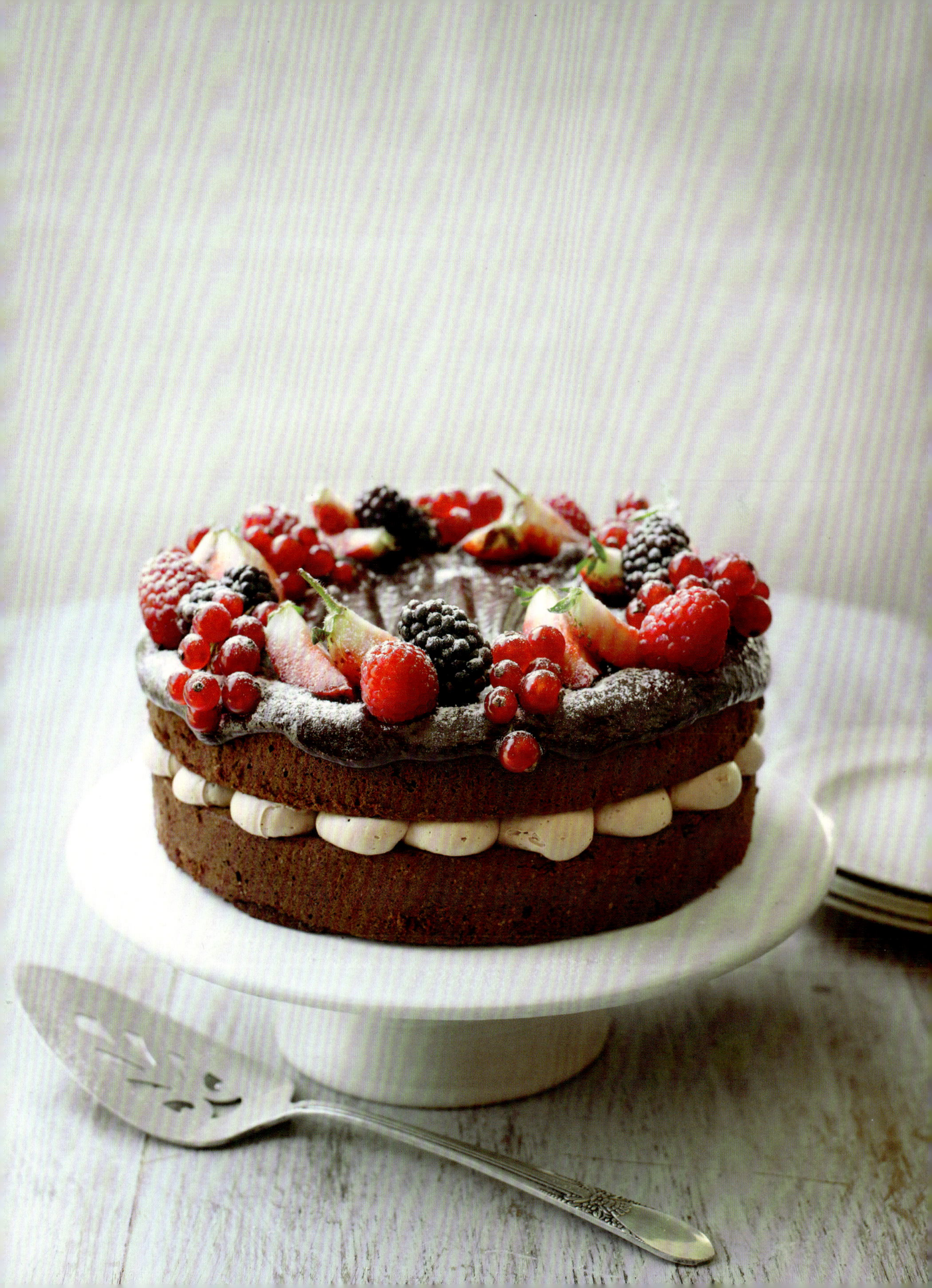

Gâteau basco de chocolate

Essa é uma especialidade do País Basco, região do extremo norte da Espanha que faz fronteira com o sudoeste da França. Acrescentei um toque de chocolate e a deixei ainda mais saborosa.

Rendimento: 8-10 porções
Preparo: 30 minutos, mais o tempo para esfriar
Tempo de forno: 40-45 minutos

250 g de manteiga sem sal em temperatura ambiente, mais um pouco para untar

200 g de açúcar mascavo claro

125 g de farinha de amêndoa

1 ovo grande

1 colher (chá) de extrato de baunilha

300 g de farinha de trigo, mais um pouco para enfarinhar

1 colher (chá) de fermento em pó

15 g de cacau em pó

1 gema batida

Para o creme de chocolate

500 ml de leite

125 ml de creme de leite fresco

50 g de semolina de trigo

1 fava de baunilha, partida longitudinalmente

150 g de chocolate amargo (até 70% de cacau) picado finamente

2 gemas

150 g de açúcar

25 g de farinha de trigo

Em uma vasilha grande, bata a manteiga, o açúcar mascavo, a farinha de amêndoa, o ovo e a baunilha. Peneire a farinha, o fermento e o cacau em pó e misture todos os ingredientes até obter uma massa homogênea, mas sem bater demais. Cubra com filme de PVC e deixe descansar na geladeira por 1 hora ou mais.

Prepare o creme. Numa panela, ferva o leite, o creme de leite, a semolina e a fava de baunilha. Retire a baunilha. Acrescente o chocolate, misture até derreter, retire do fogo e reserve. Numa tigela, misture as gemas com o açúcar, acrescente a farinha e bata até a massa ficar lisa e fofa. Junte um pouco da mistura de leite com chocolate ainda quente, bata vigorosamente e então adicione ao restante da mistura de leite reservada e volte a cozinhar em fogo brando por 2 minutos, mexendo sem parar. Transfira para uma tigela e cubra com filme de PVC. Deixe esfriar.

Preaqueça o forno a 180°C (forno de convecção a 160°C). Unte e enfarinhe uma fôrma redonda de 22 cm de diâmetro e 5 cm de altura.

Com o rolo, abra dois terços da massa sobre uma superfície enfarinhada e forre a fôrma cuidadosamente. Se a massa quebrar, volte a moldá-la. Recheie com o creme frio.

Abra o restante da massa num disco suficientemente grande para cobrir a fôrma.

Pincele a borda da massa de dentro da fôrma com a gema batida. Cubra com o disco de massa, apare a borda e vede apertando bem. Pincele a superfície com a gema batida, e com um garfo desenhe um leve xadrez na massa.

Coloque a fôrma sobre uma grade e esta sobre uma assadeira. Asse por 35-40 minutos, ou até a cobertura ficar firme. Deixe esfriar completamente antes de desenformar e servir.

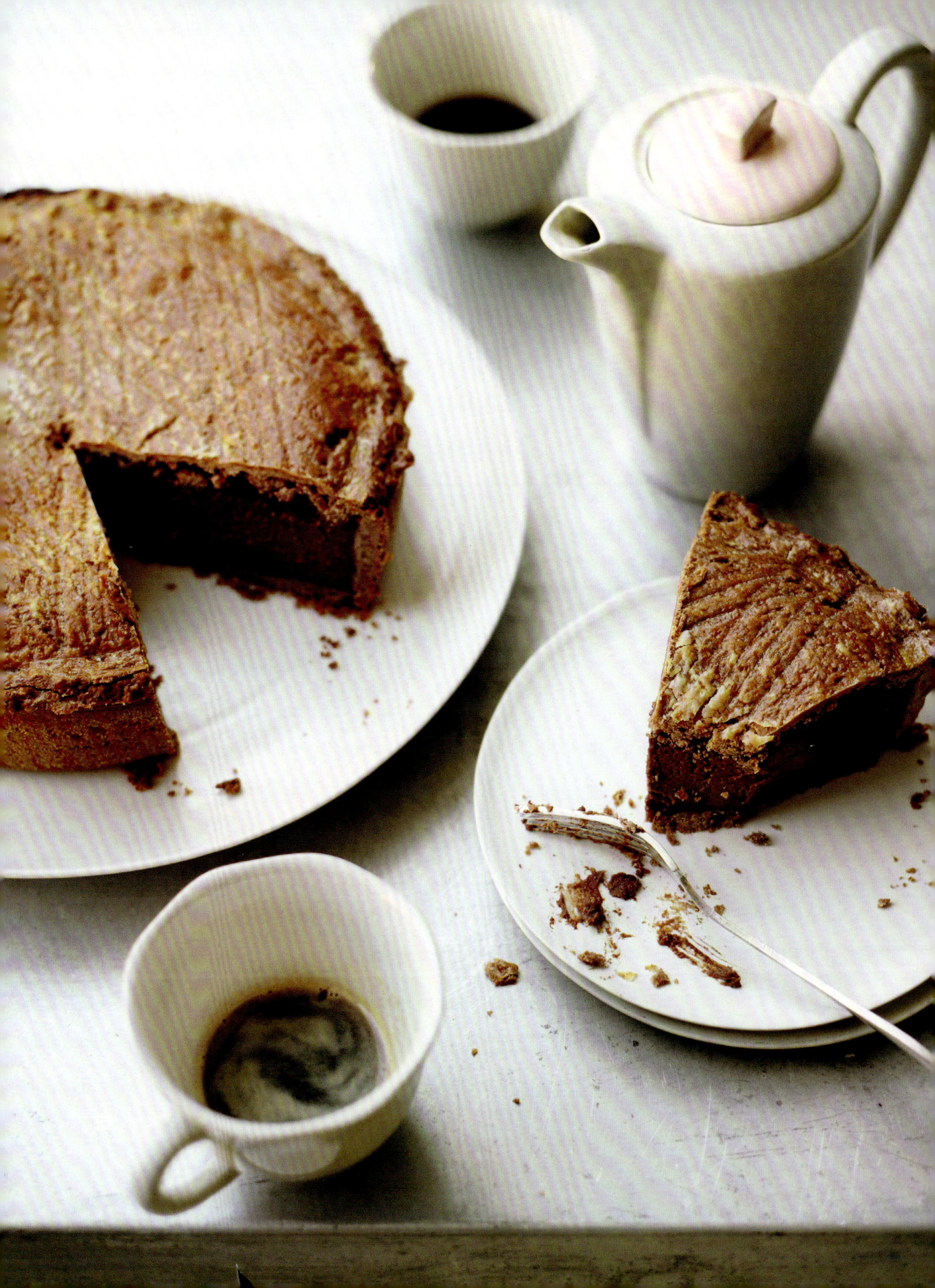

Muffin de chocolate e avelã

Os muffins costumam ser associados ao café da manhã, mas nessa minha receita especial eles combinam mais com o lanche da tarde se servidos quentinhos, assim que saem do forno.

Rendimento: 12 unidades
Preparo: 15 minutos
Tempo de forno: 25-30 minutos

75 g de chocolate amargo (até 70% de cacau) picado grosseiramente

50 g de creme de avelã com cacau

175 g de farinha de trigo com fermento

½ colher (sopa) de fermento em pó

25 g de cacau em pó

50 g de açúcar

2 ovos

1 colher (chá) de extrato de baunilha

5 colheres (sopa) de óleo

4 colheres (sopa) de leite

75 g de gotas de chocolate amargo (até 70% de cacau)

50 g de avelã assada e picada (veja dica na p. 44)

Preaqueça o forno a 180°C (forno de convecção a 160°C). Forre com papel-manteiga uma fôrma de muffins de doze cavidades com forminhas para cupcakes ("muffin cases") ou com quaisquer forminhas de papel que possam ir ao forno.

Derreta cuidadosamente o chocolate junto com o creme de avelã em banho-maria em fogo brando. Deixe esfriar por alguns minutos.

Peneire a farinha, o fermento em pó e o cacau numa tigela grande e junte o açúcar. Em outra tigela, bata os ovos, a baunilha, o óleo e o leite. Acrescente o chocolate derretido, já frio. Com uma espátula de silicone ou uma colher de metal, misture ligeiramente os ingredientes molhados com os secos. Junte as gotas de chocolate.

Divida o preparo entre as cavidades da fôrma, preenchendo cada uma até três quartos e polvilhe as avelãs. Asse por 20-25 minutos, ou até que, inserindo um palito no centro do muffin, ele saia limpo. Transfira-os para uma grade e já pode servir!

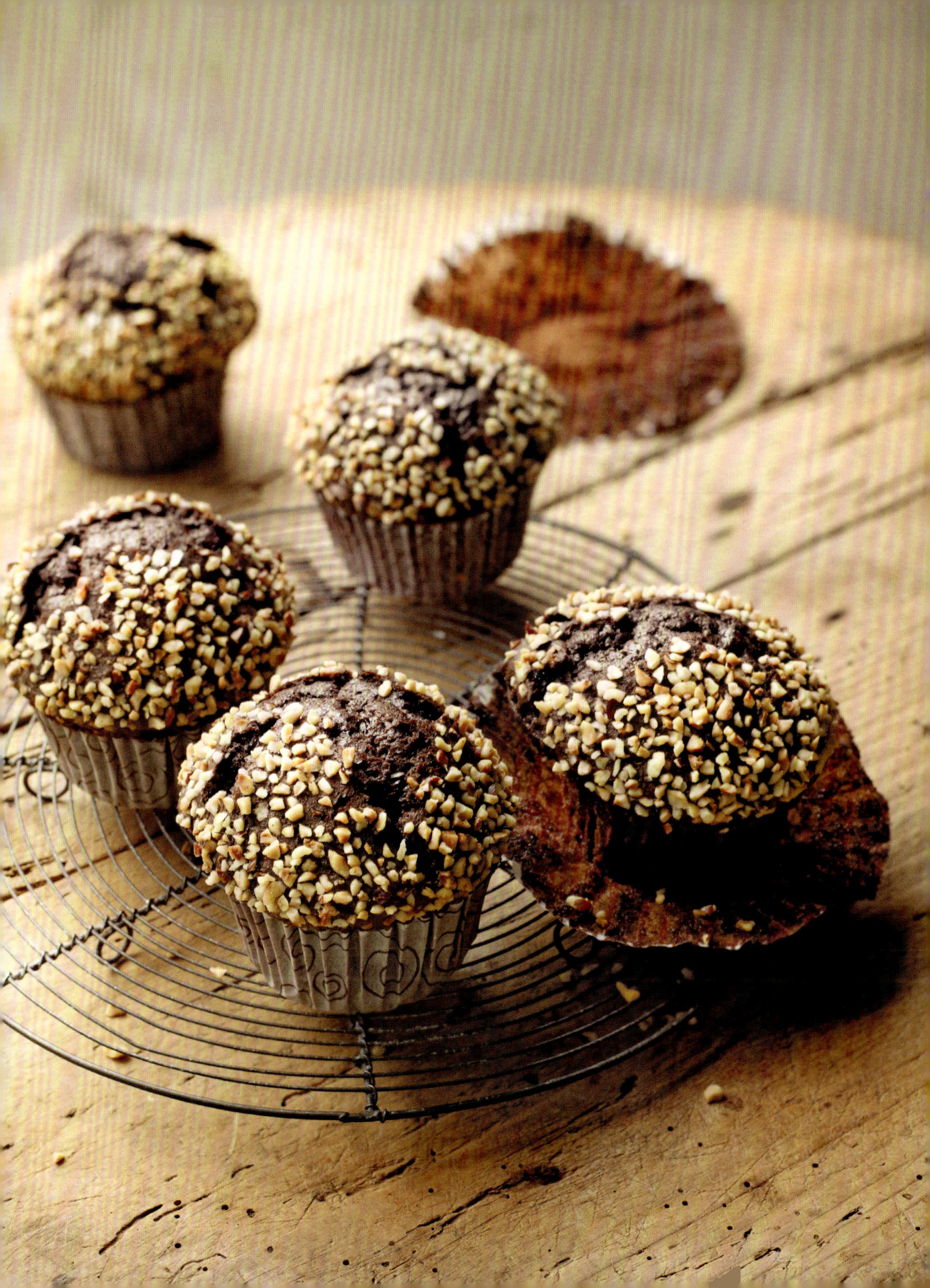

Pain d'épice de chocolate

O pain d'épice é uma receita tradicional do leste da França, onde se costuma servi-lo quente, com manteiga. Nessa minha versão, o chocolate tem um destaque maior.

Rendimento: 8 porções
Preparo: 15 minutos, mais uma noite na geladeira
Tempo de forno: 50-55 minutos

manteiga, para untar

200 ml de leite

8 colheres (sopa) de mel

125 g de chocolate amargo (até 70% de cacau) picado finamente

300 g de farinha de trigo integral fina

65 g de açúcar mascavo claro

1 colher (chá) de bicarbonato de sódio

½ colher (chá) de canela em pó

½ colher (chá) de noz-moscada ralada na hora

½ colher (chá) de gengibre em pó

¼ de colher (chá) de cravo em pó

3 ovos batidos

1 colher (sopa) de extrato de baunilha

1 colher (sopa) de água de flor de laranjeira

Unte uma fôrma para pão de 900 g e forre com papel-manteiga.

Coloque o leite e o mel em uma panela pequena e aqueça devagar, sem deixar ferver. Retire do fogo e adicione o chocolate, mexendo até derreter e se misturar ao leite. Deixe esfriar um pouco.

Peneire a farinha, o açúcar, o bicarbonato de sódio e as especiarias em uma tigela grande e misture. Faça uma cova no centro, despeje os ovos, a baunilha, a água de flor de laranjeira e a mistura de leite com chocolate derretido.

Para um resultado ainda melhor, transfira para um processador e acione por 2-3 minutos, até que a massa fique bem lisinha, ou mexa bem com uma colher de pau. Coloque o preparo na fôrma, cubra com filme de PVC e deixe descansar na geladeira por uma noite.

Asse o pão no forno preaquecido a 180°C (forno de convecção a 160°C), por 45-50 minutos, ou até que, inserindo um palito no centro do pão, ele saia limpo. Mantenha na fôrma por 5 minutos, depois transfira para um prato para esfriar completamente. Ou, se preferir, sirva quente. Embrulhado em filme de PVC e guardado num recipiente hermético, dura 2 semanas.

Dica

Experimente tostar fatias e passar manteiga ou mel ao servir.

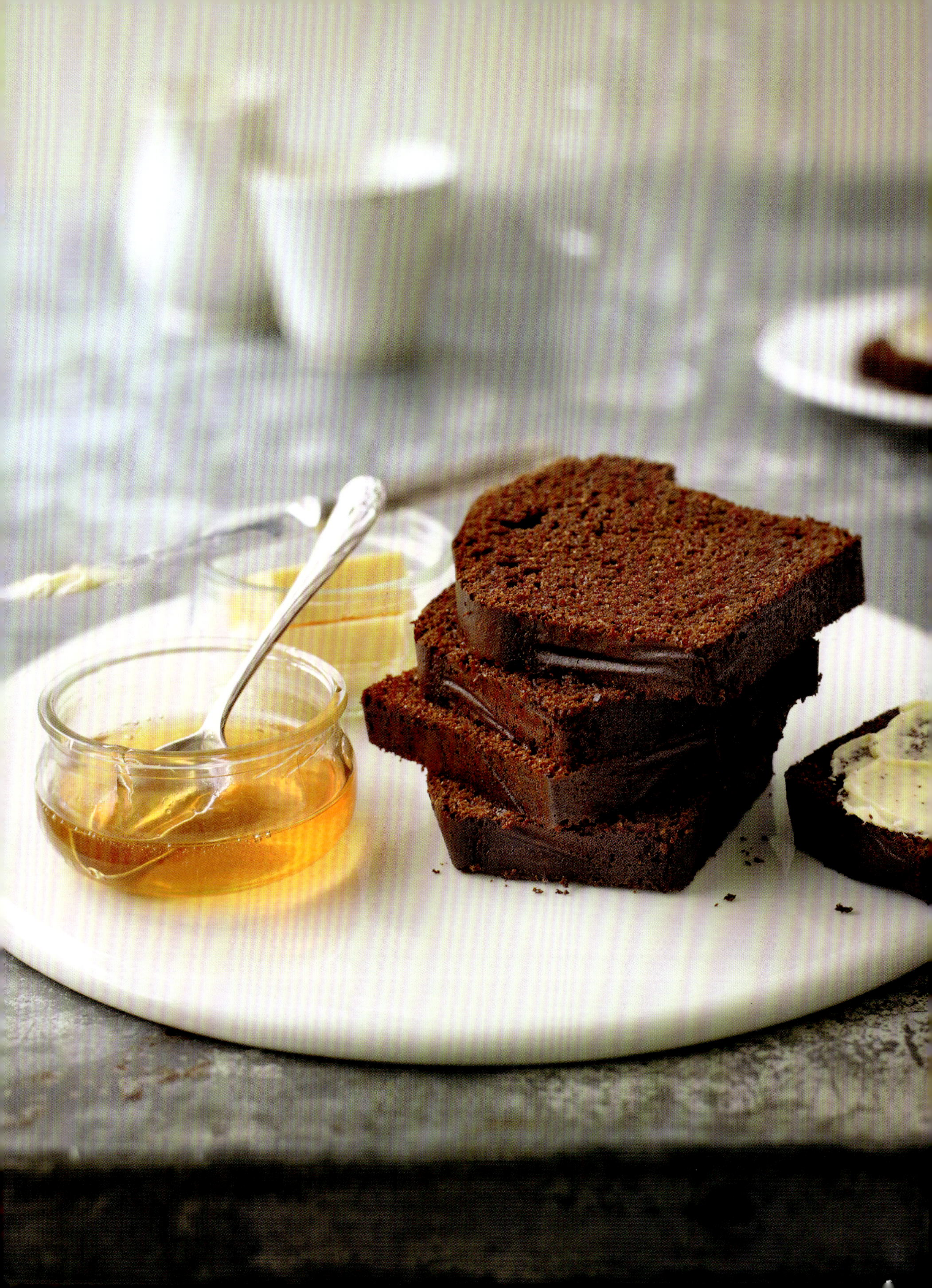

Macaron de dois chocolates

Os macarons continuam na moda, com uma oferta de sabores cada vez mais surpreendentes. Para mim, nada supera um delicioso macaron de chocolate amargo. Chamo-o de dois chocolates porque tanto a massa quanto o recheio levam esse ingrediente.

Rendimento: 28 unidades
Preparo: 30 minutos, mais o tempo para descansar e esfriar
Tempo de forno: 25 minutos

200 g de açúcar de confeiteiro
125 g de farinha de amêndoa
15 g de cacau em pó
3 claras
25 g de açúcar
pasta de corante vermelho comestível
chocolate amargo (até 70% de cacau) picado finamente, para decorar

Para o recheio

150 g de chocolate amargo (até 70% de cacau) picado grosseiramente
100 g de manteiga
3 colheres (sopa) de creme de leite fresco

Para o recheio, derreta o chocolate, a manteiga e o creme em banho-maria em fogo brando. Misture bem e deixe esfriar até obter uma consistência firme, mas não dura.

Enquanto isso, prepare os macarons. Forre quatro assadeiras com papel-manteiga. Coloque o açúcar de confeiteiro, a farinha de amêndoa e o cacau em um processador e processe até obter uma farinha muito fina. Peneire-a em uma tigela.

Em outra tigela, seca e limpa, bata as claras em neve, adicionando o açúcar devagar. Pouco antes de firmar, acrescente uma pitadinha do corante (para realçar a cor do cacau em pó). Com uma espátula de silicone, incorpore devagar o preparo de amêndoa nas claras em neve até que fique homogêneo, brilhante e firme.

Coloque o preparo em um saco de confeitar com bico plano e faça discos de cerca de 3 cm de diâmetro nas assadeiras forradas. Deixe descansar por 15 minutos em temperatura ambiente para que os discos comecem a secar (na França, isso se chama *croutage*). Enquanto isso, preaqueça o forno a 150°C (forno de convecção a 130°C).

Asse por 20 minutos, ou até o papel-manteiga desgrudar com facilidade dos macarons. Deixe esfriar nas assadeiras.

Coloque o recheio em um saco de confeitar e espalhe um pouco de ganache sobre a base de um macaron. Cubra com outro disco como se fosse um sanduíche. Repita com o restante dos macarons. Por último, decore com chocolate picado. Os macarons se conservam bem em caixas herméticas por alguns dias, mas é melhor não guardá-los na geladeira para não endurecerem.

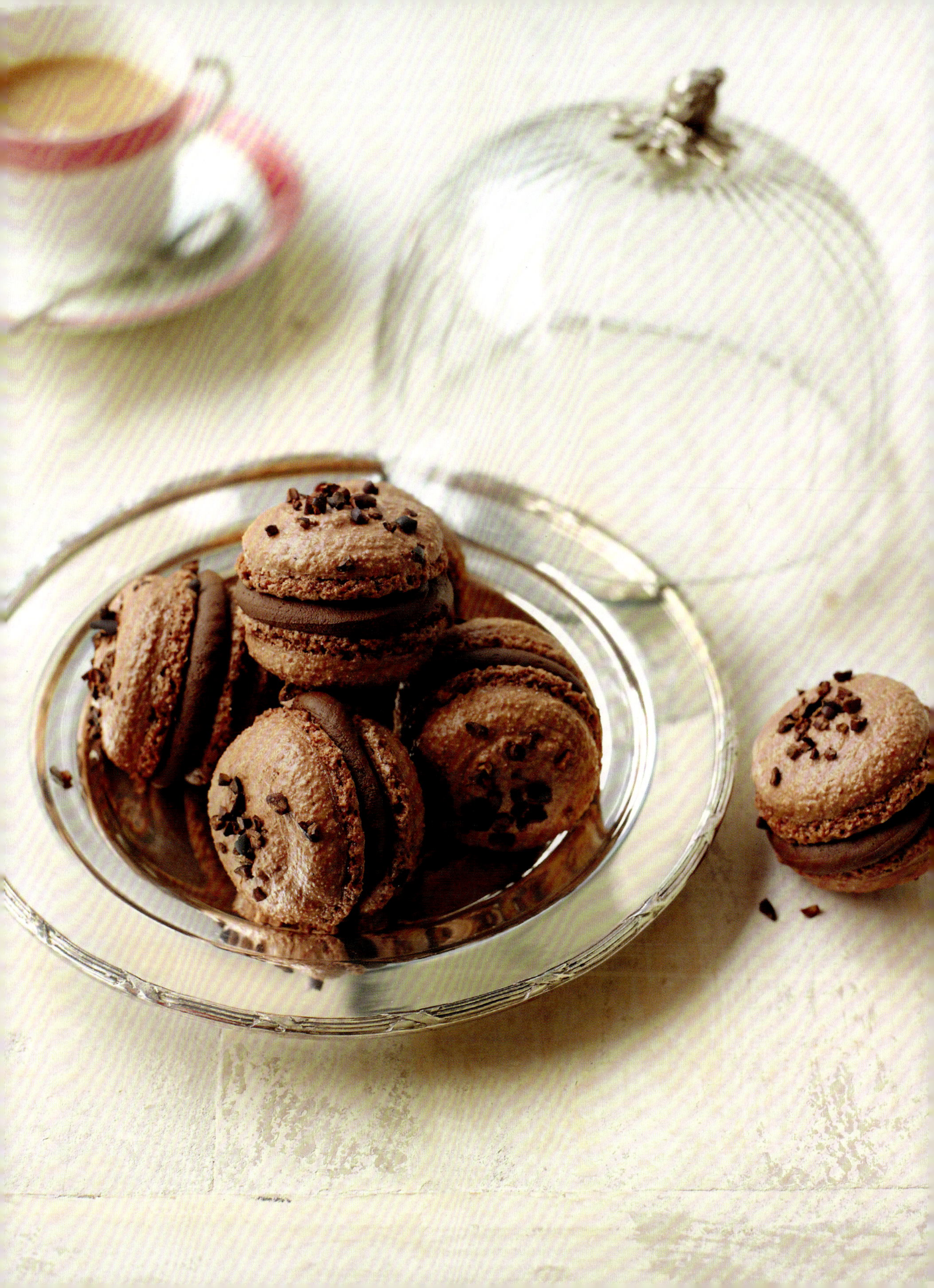

Bolo de caramelo salgado

Gosto muito da combinação do caramelo com manteiga com sal e, depois de muitas experiências, criei essa receita particularmente deliciosa: camadas de caramelo com manteiga com sal e recheio e cobertura de chocolate.

Rendimento: 8-10 porções
Preparo: 35 minutos, mais o tempo para esfriar e refrigerar
Tempo de forno: 45 minutos

Para o bolo

200 g de chocolate amargo (até 70% de cacau) picado grosseiramente

100 g de manteiga sem sal, mais um pouco para untar

150 ml de leite

4 ovos, claras e gemas separadas

125 g de açúcar

100 g de farinha de trigo

uma pitada de flor de sal, para enfeitar

Para o caramelo

225 g de biscoito maisena

300 g de açúcar

2 colheres (sopa) de água

100 ml de creme de leite fresco

100 g de manteiga com sal, mais um pouco para untar

duas pitadas de sal marinho

Para o glacê de chocolate

200 g de chocolate amargo (até 70% de cacau) picado

200 ml de creme de leite fresco

Para as camadas de caramelo, unte duas fôrmas redondas de 22 cm de diâmetro e forre o fundo com papel-manteiga.

No processador, faça uma farinha grossa com os biscoitos. Coloque o açúcar e a água em uma panela de fundo grosso e dissolva em fogo brando. Aumente a temperatura e cozinhe até obter um caramelo dourado. Retire do fogo e despeje cuidadosamente o creme de leite, acrescentando a manteiga e o sal. Adicione os biscoitos moídos ao caramelo, divida o preparo entre as duas fôrmas e pressione com o dorso de uma colher. Coloque no freezer para firmar.

Para o bolo, unte uma fôrma redonda de fundo removível de 22 cm de diâmetro e forre com papel-manteiga. Preaqueça o forno a 180°C (forno de convecção a 160°C).

Derreta o chocolate, a manteiga e o leite em banho-maria em fogo brando.

Em uma vasilha grande, bata as gemas com o açúcar até obter um creme claro e fofo. Adicione o preparo de chocolate e depois a farinha. Em uma tigela limpa e seca, bata as claras em neve e misture delicadamente à massa.

Retire as fôrmas do freezer, remova os discos de caramelo e o papel-manteiga. Coloque um disco na fôrma de fundo removível e espalhe metade da mistura de chocolate. Acrescente o outro disco e cubra com o restante.

Asse no forno por 25-30 minutos – o bolo não deve assar demais, fica mais gostoso assim. Deixe na fôrma por 10 minutos, depois coloque sobre uma grade para terminar de esfriar.

Para o glacê, coloque o chocolate picado numa tigela refratária. Aqueça o creme de leite em uma panela até o ponto de fervura, então despeje uma quarta parte sobre o chocolate. Espere 1 minuto até que este comece a derreter, então continue misturando delicadamente o restante do creme até obter um preparo homogêneo e brilhante.

Cubra o bolo já frio com o glacê usando uma espátula para espalhar uniformemente pelo topo e laterais. Polvilhe de leve a pitada de flor de sal e mantenha na geladeira até a hora de servir.

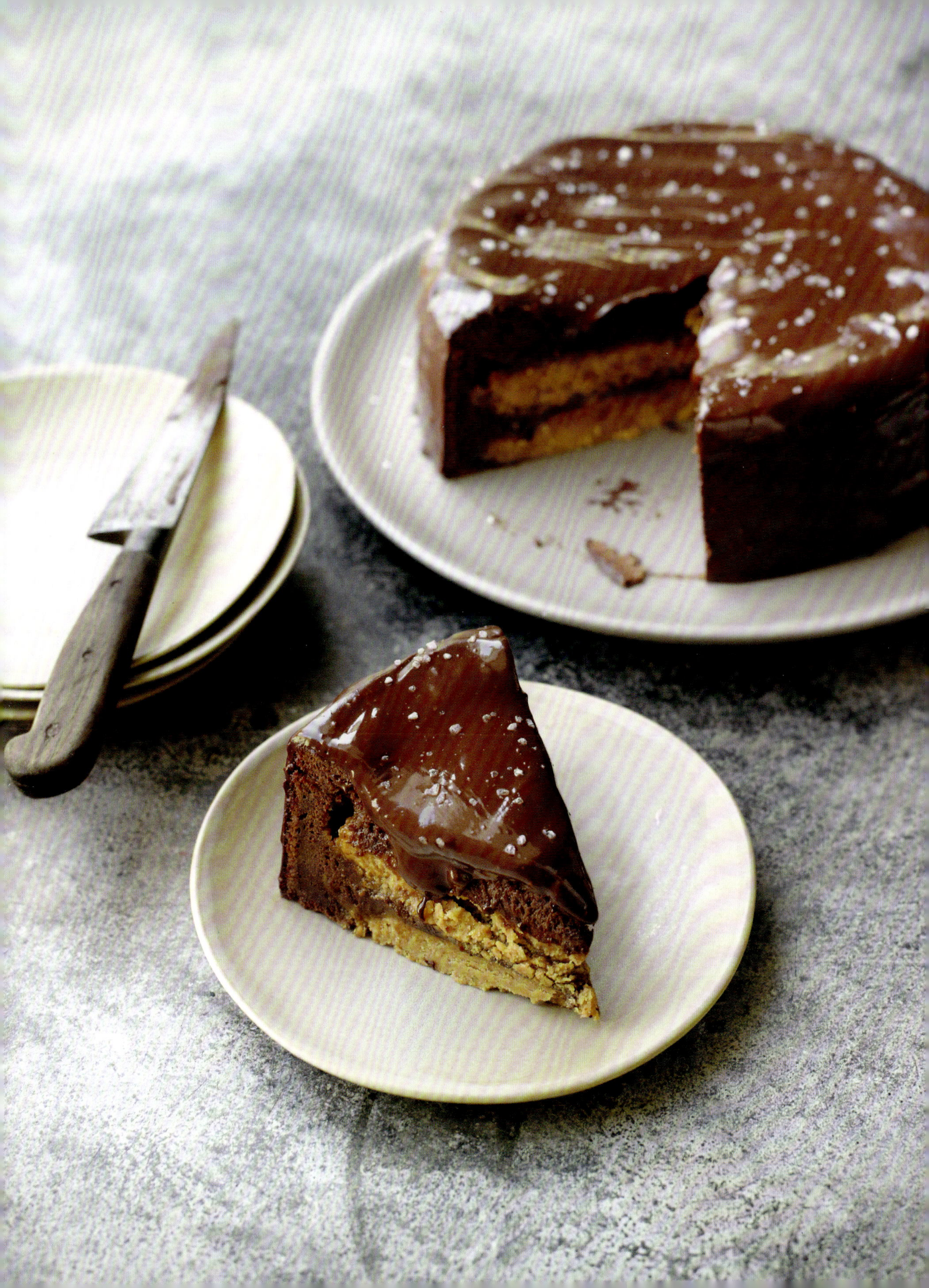

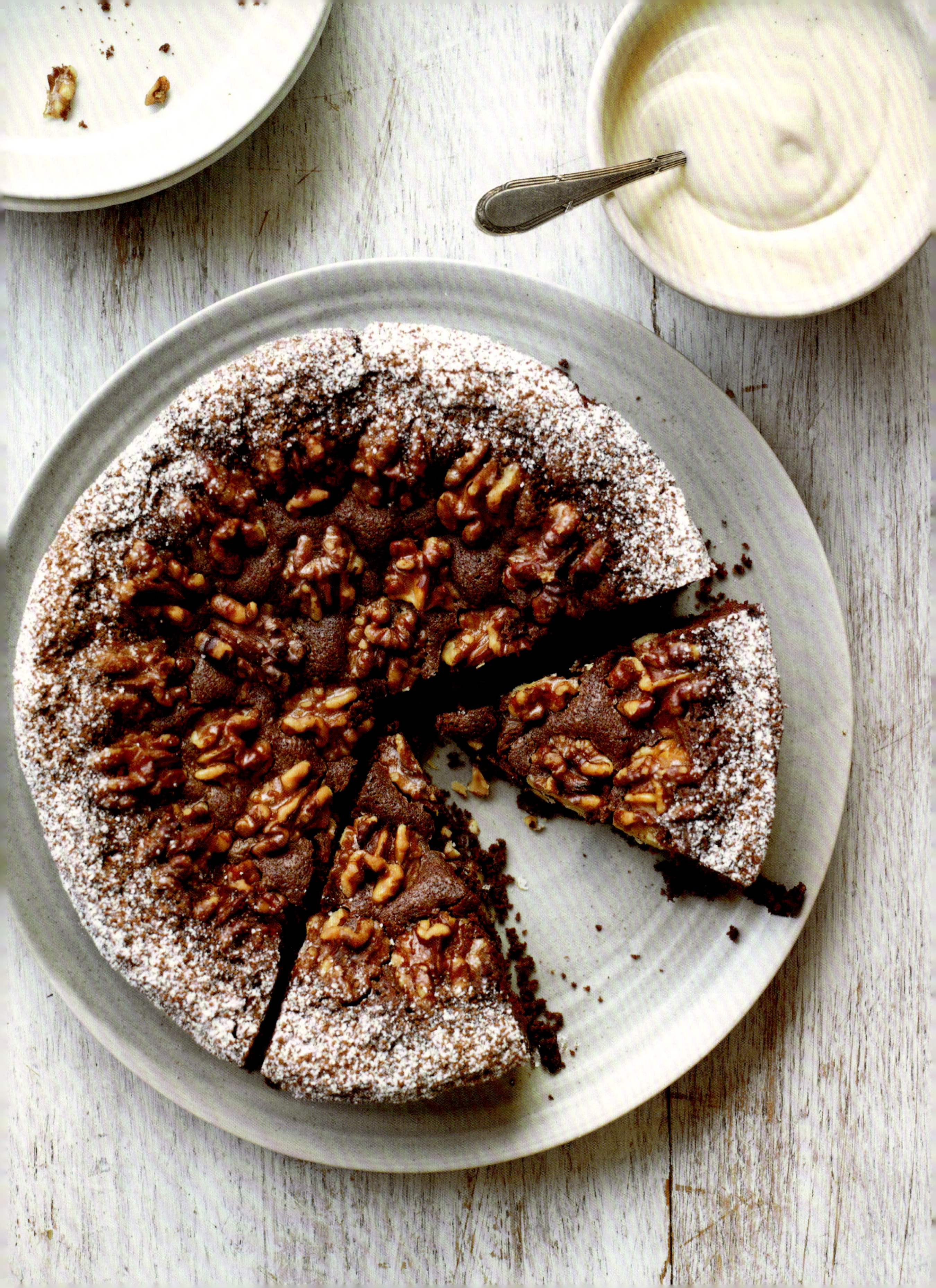

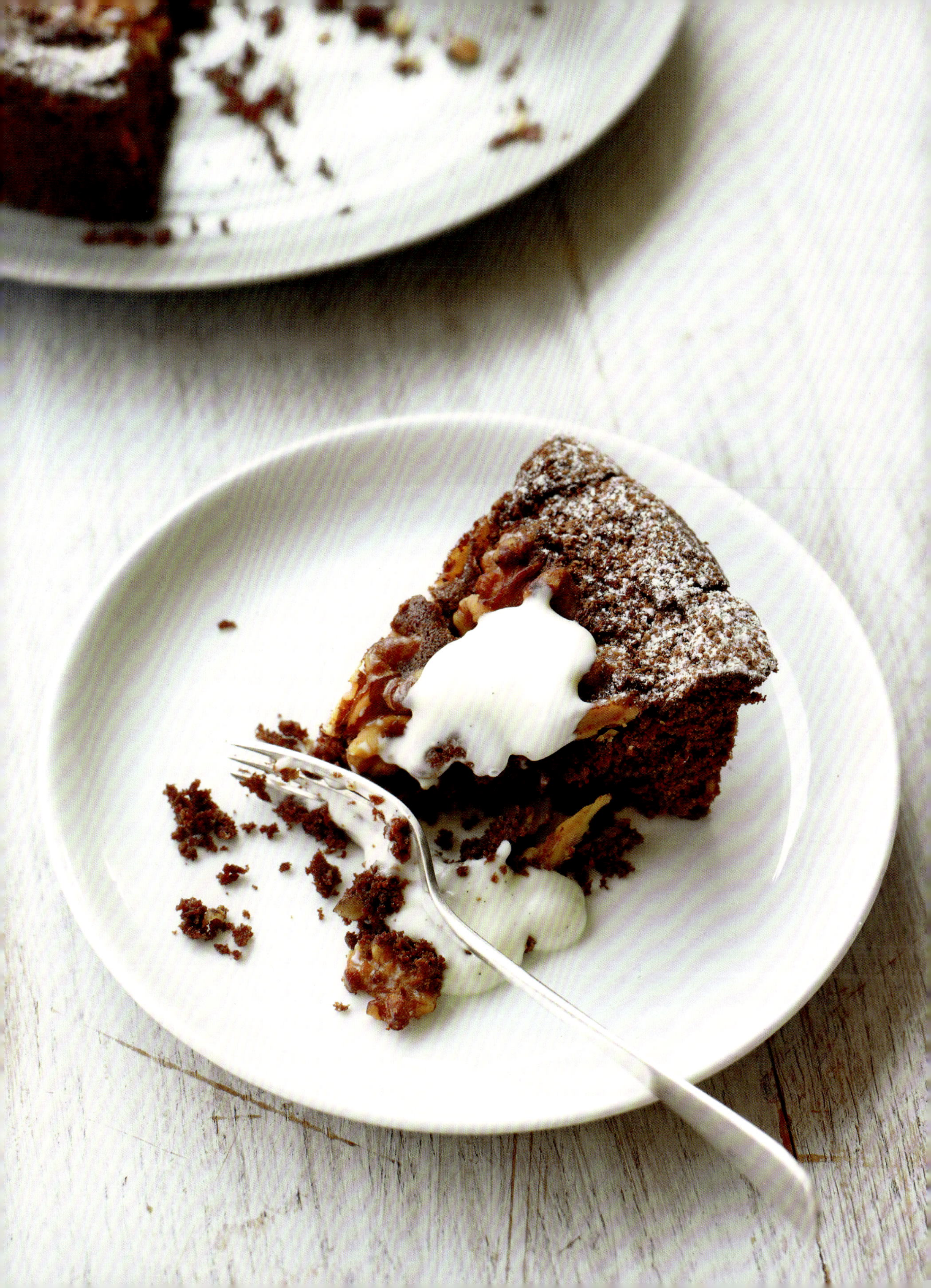

Bolo suíço de nozes e chocolate

Eu costumava fazer essa receita quando era criança. Não sei exatamente por que o bolo se chama "suíço", mas até hoje é ainda um dos doces que mais gosto de fazer, pois adoro a combinação de nozes e chocolate.

Rendimento: 8 porções
Preparo: 15 minutos, mais o tempo para esfriar
Tempo de forno: 40-45 minutos

100 g de chocolate amargo (até 70% de cacau) picado grosseiramente

150 g de manteiga sem sal em temperatura ambiente, mais um pouco para untar

150 g de açúcar

2 ovos

75 g de farinha de trigo

2 colheres (chá) de fermento em pó

2 colheres (chá) de extrato de baunilha

65 g de nozes assadas e picadas (veja dica abaixo)

açúcar de confeiteiro, para polvilhar

50 g de nozes partidas ao meio, para decorar

Preaqueça o forno a 180°C (forno de convecção a 160°C). Unte uma fôrma redonda de 22 cm de diâmetro e forre com papel-manteiga.

Derreta o chocolate em banho-maria, em fogo brando. Deixe esfriar por alguns minutos.

Em uma vasilha grande, bata a manteiga com o açúcar até obter um creme claro e leve. Acrescente os ovos, um a um, sempre batendo. Desligue a batedeira e peneire juntos a farinha de trigo e o fermento em pó sobre a massa e incorpore cuidadosamente. Junte o chocolate já frio, a baunilha e as nozes picadas.

Despeje o preparo na fôrma, nivele e distribua as metades de nozes na superfície formando um desenho circular. Asse por 30-35 minutos, ou até que a superfície pareça sequinha. A textura desse bolo é semelhante à do brownie, pois fica úmido por dentro.

Deixe esfriar na fôrma por 10 minutos, então desenforme e coloque numa grade para esfriar completamente. Sirva polvilhado com açúcar de confeiteiro. Fica maravilhoso acompanhado de creme inglês quente.

Dica

Para assar as nozes ou qualquer outro tipo de castanhas, espalhe-as inteiras numa assadeira e asse a 180°C (forno de convecção a 160°C) por 8-10 minutos, ou até que fiquem douradas e crocantes – preste bastante atenção, pois queimam facilmente. Deixe esfriar antes de picar.

DIRETO DA CONFEITARIA

Muffin de chocolate branco e pêssego

Esses muffins, delicadamente frutados, são perfeitos para um brunch de domingo no verão. Estão entre os meus favoritos – e, depois que você os provar, certamente vão fazer parte da sua lista também.

Rendimento: 12 unidades
Preparo: 15 minutos
Tempo de forno: 25 minutos

300 g de farinha de trigo

2 colheres (chá) de fermento em pó

1 ovo

150 g de açúcar

1 colher (chá) de extrato de baunilha

225 ml de leite

50 g de manteiga sem sal, derretida e resfriada

100 g de pêssego picado, fresco ou em calda

125 g de chocolate branco cortado em pedacinhos

100 g de framboesa fresca (ou morango picado)

açúcar de confeiteiro, para polvilhar

Preaqueça o forno a 180°C (forno de convecção a 160°C). Forre uma fôrma de muffins de doze cavidades com forminhas para cupcakes ("muffin cases") ou com quaisquer forminhas de papel que possam ir ao forno.

Peneire a farinha de trigo e o fermento em pó em uma tigela. Em outra tigela, usando uma batedeira manual, bata o ovo e o açúcar e então misture a baunilha, o leite e a manteiga. Com uma espátula de silicone ou colher de metal, incorpore os ingredientes molhados aos secos sem misturar demais. Incorpore ligeiramente os pêssegos e o chocolate branco.

Divida o preparo entre as forminhas, preenchendo três quartos de cada uma delas. Asse por 25 minutos, ou até que, inserindo um palito no centro, ele saia limpo. Deixe esfriar sobre uma grade.

Esmague ligeiramente as framboesas com um garfo e espalhe-as sobre os muffins antes de servir e polvilhe com açúcar de confeiteiro.

Biscotto de chocolate e pistache

Os famosos biscotti italianos são servidos nas melhores cafeterias do mundo. Os dessa receita, de chocolate e pistache, são de morrer de paixão...

Rendimento: 26 unidades
Preparo: 20 minutos, mais o tempo para esfriar
Tempo de forno: 50-55 minutos

100 g de manteiga sem sal em temperatura ambiente, mais um pouco para untar

200 g de açúcar

2 ovos

275 g de farinha de trigo, mais um pouco para enfarinhar

50 g de cacau em pó

1 colher (chá) de bicarbonato de sódio

125 g de pistache (pesado sem a casca)

75 g de gotas de chocolate amargo (até 70% de cacau)

Preaqueça o forno a 180°C (forno de convecção a 160°C). Unte levemente duas assadeiras grandes.

Em uma tigela grande, bata a manteiga com o açúcar até obter um creme claro e leve. Adicione os ovos, um a um, e peneire e incorpore a farinha de trigo, o cacau em pó e o bicarbonato juntos. Pare de bater e misture delicadamente os pistaches e as gotas de chocolate.

Despeje o preparo sobre uma superfície enfarinhada e abra a massa em um retângulo levemente achatado de 30 cm x 7 cm. Transfira com cuidado para uma das assadeiras untadas e asse por 30 minutos. Retire do forno e deixe esfriar por 10 minutos. Reduza a temperatura do forno a 150°C (forno de convecção a 130°C).

Coloque a massa quente sobre uma tábua e corte fatias de 1 cm de espessura. Arrume as fatias nas assadeiras e leve novamente ao forno para mais 20-25 minutos ou até os biscoitos ficarem sequinhos. Depois de assados, transfira para uma grade para esfriar e endurecer.

Você pode armazenar os biscotti em recipientes herméticos por 2 semanas. São ótimas opções de presente!

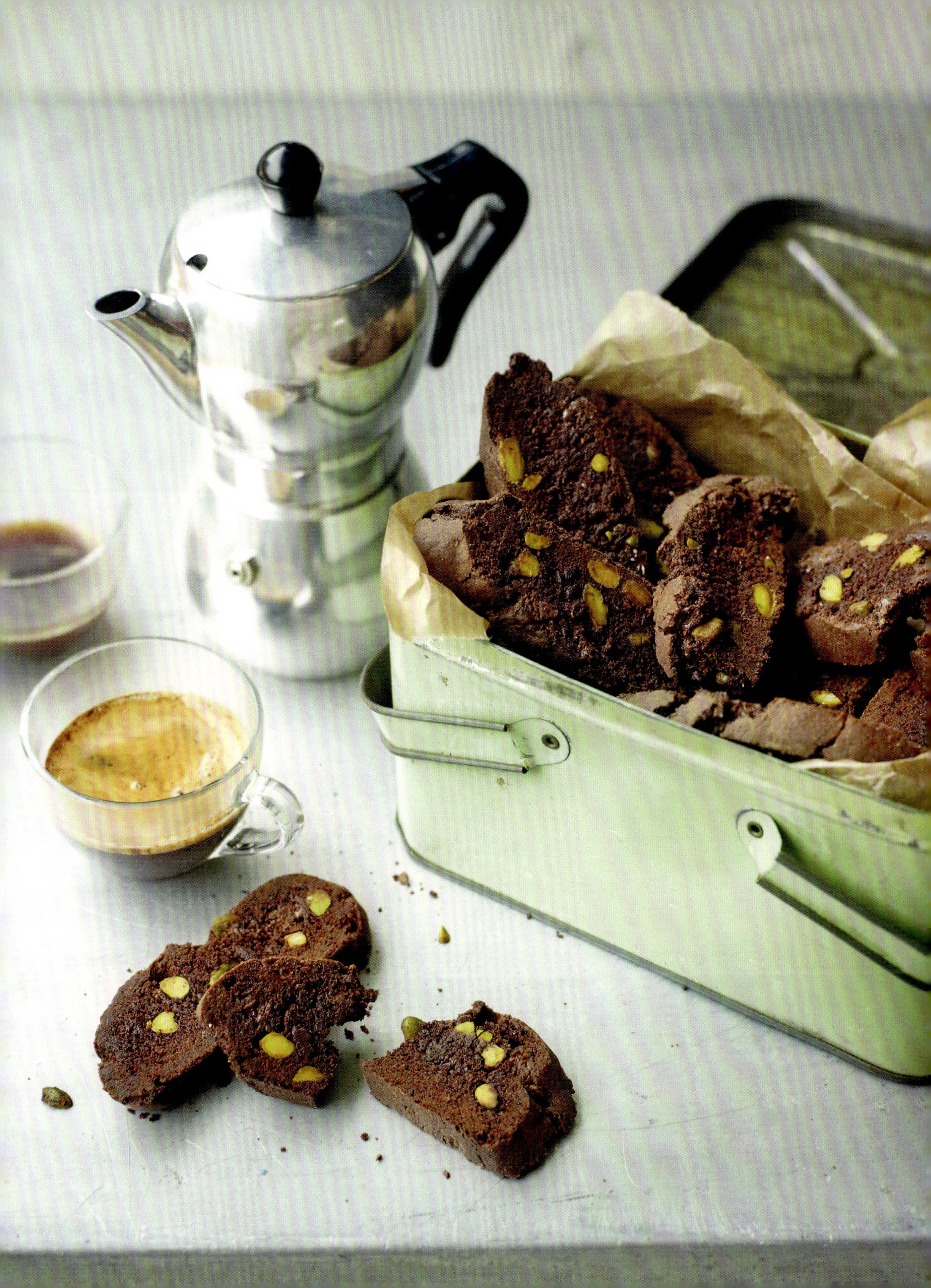

Florentino de chocolate

Faça um belo embrulho e ofereça essas delícias de presente para alguém especial. São perfeitas para acompanhar o café depois de uma refeição caprichada.

Rendimento: 8 unidades
Preparo: 20 minutos, mais o tempo para esfriar e firmar
Tempo de forno: 8 minutos

50 g de manteiga sem sal em temperatura ambiente, mais um pouco para untar

50 g de açúcar mascavo claro

2 colheres (sopa) de farinha de trigo

25 g de amêndoa laminada tostada

25 g de avelã assada e picada (veja dica na p. 44)

25 g de nozes assadas e picadas

50 g de frutas cristalizadas

150 g de chocolate ao leite picado grosseiramente

Preaqueça o forno a 180°C (forno de convecção a 160°C). Unte uma assadeira ou forminhas de silicone para biscoitos de 10 cm.

Em uma tigela, bata a manteiga com o açúcar até obter um creme claro e leve. Peneire a farinha de trigo e incorpore os frutos secos e as frutas cristalizadas.

Coloque 8 colheres bem cheias da massa na assadeira, deixando um bom espaço entre elas para crescer, ou preencha as forminhas. Asse por 6-7 minutos ou até os florentinos ficarem dourados. Deixe esfriar na assadeira ou nas forminhas.

Derreta o chocolate em banho-maria em fogo brando. Com um pincel, cubra a base de cada florentino com chocolate derretido. Antes que endureça, desenhe ondas no chocolate com um garfo e coloque-os sobre uma folha de papel-manteiga para endurecer em temperatura ambiente. Guarde em um local seco e fresco por 2 semanas.

Dica

Para variar os sabores, substitua as nozes por pistache, pinhole ou cereja cristalizada.

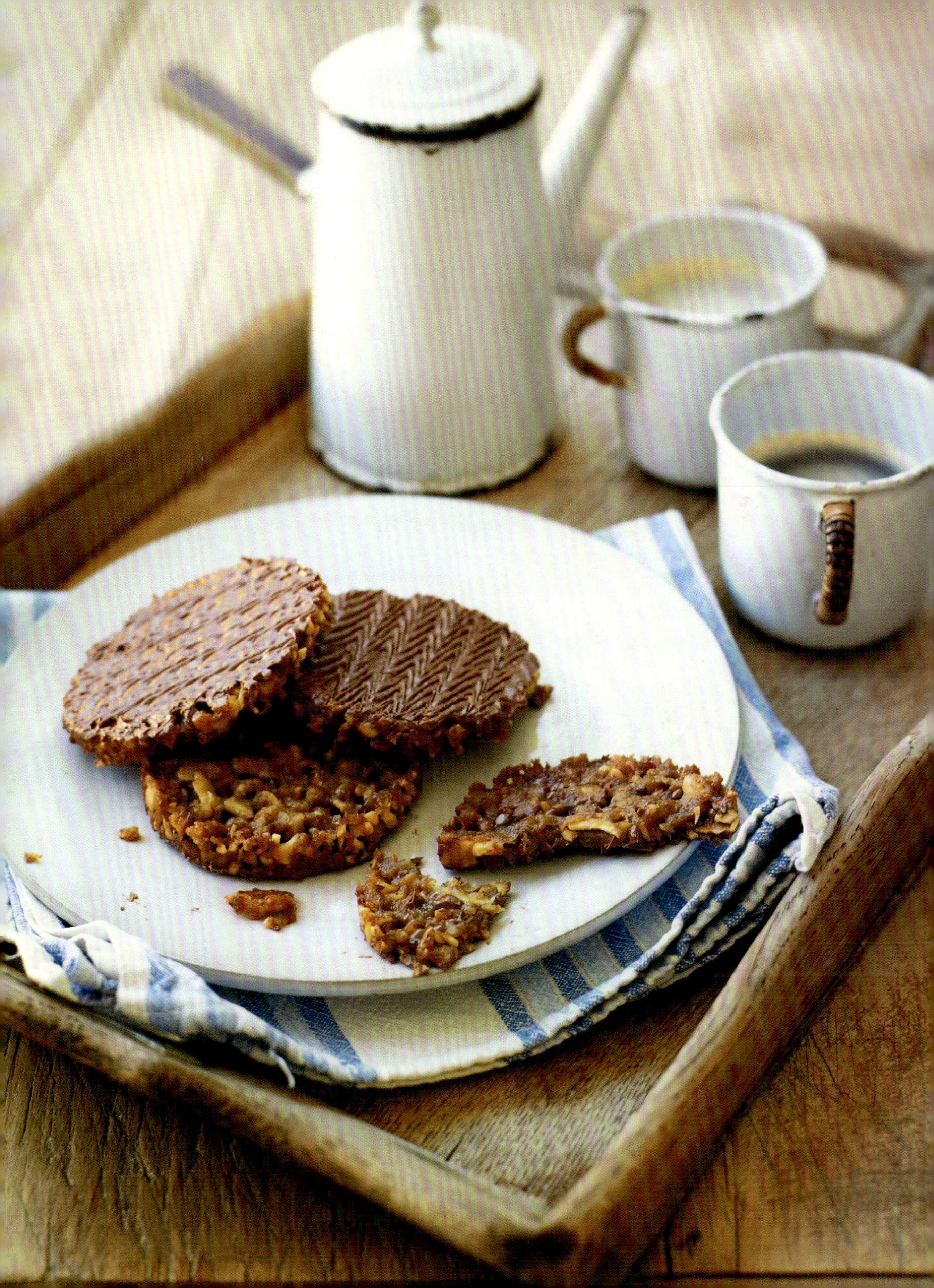

Pão de chocolate com rum e uva-passa

Adoro a combinação de rum e uva-passa no sorvete e descobri que também é perfeita para esse saboroso pão.

Rendimento: 8 porções
Preparo: 25 minutos, mais uma noite de infusão e o tempo para esfriar
Tempo de forno: 50 minutos

100 g de manteiga sem sal, mais um pouco para untar
150 g de chocolate amargo (até 70% de cacau) picado grosseiramente
4 ovos, claras e gemas separadas
200 g de açúcar
50 g de farinha de amêndoa
100 g de farinha de trigo
1 colher (sopa) de fermento em pó

Para a ganache ao rum e uva-passa

75 g de uva-passa escura sem sementes
3 colheres (sopa) de rum escuro
175 ml de creme de leite fresco
25 g de açúcar
350 g de chocolate amargo (até 70% de cacau) picado
25 g de manteiga sem sal em temperatura ambiente

Numa tigelinha, coloque as uvas-passas de molho no rum por uma noite.

Preaqueça o forno a 180°C (forno de convecção a 160°C). Unte uma fôrma para bolo inglês de 900 g e forre com papel-manteiga.

Para o bolo, derreta a manteiga com o chocolate em banho-maria em fogo brando. Deixe esfriar alguns minutos.

Na batedeira, bata as gemas e o açúcar até obter um creme claro e cremoso. Acrescente o chocolate derretido já frio e a farinha de amêndoa. Peneire e incorpore aos poucos a farinha e o fermento. Em uma tigela limpa e seca, bata as claras em neve e incorpore-as delicadamente à massa.

Despeje a massa na fôrma e asse por 45 minutos, ou até que, inserindo um palito no centro do bolo, ele saia limpo. Deixe esfriar por 5-10 minutos antes de desenformar.

Para a ganache, escorra as passas e reserve. Coloque o creme de leite e o açúcar em uma panela e aqueça bem em fogo brando, sem deixar ferver. Retire do fogo e adicione o chocolate, misturando até que fique bem incorporado e brilhante. Acrescente delicadamente a manteiga e as passas escorridas.

Para cobrir, coloque o bolo sobre uma grade e esta sobre um prato grande. Espalhe a ganache quente por toda a superfície do bolo e alise com uma espátula. Coloque cuidadosamente o bolo sobre o prato de servir antes que a ganache fique firme. Gosto de salpicar folhas de ouro comestível sobre o bolo para dar um toque de glamour!

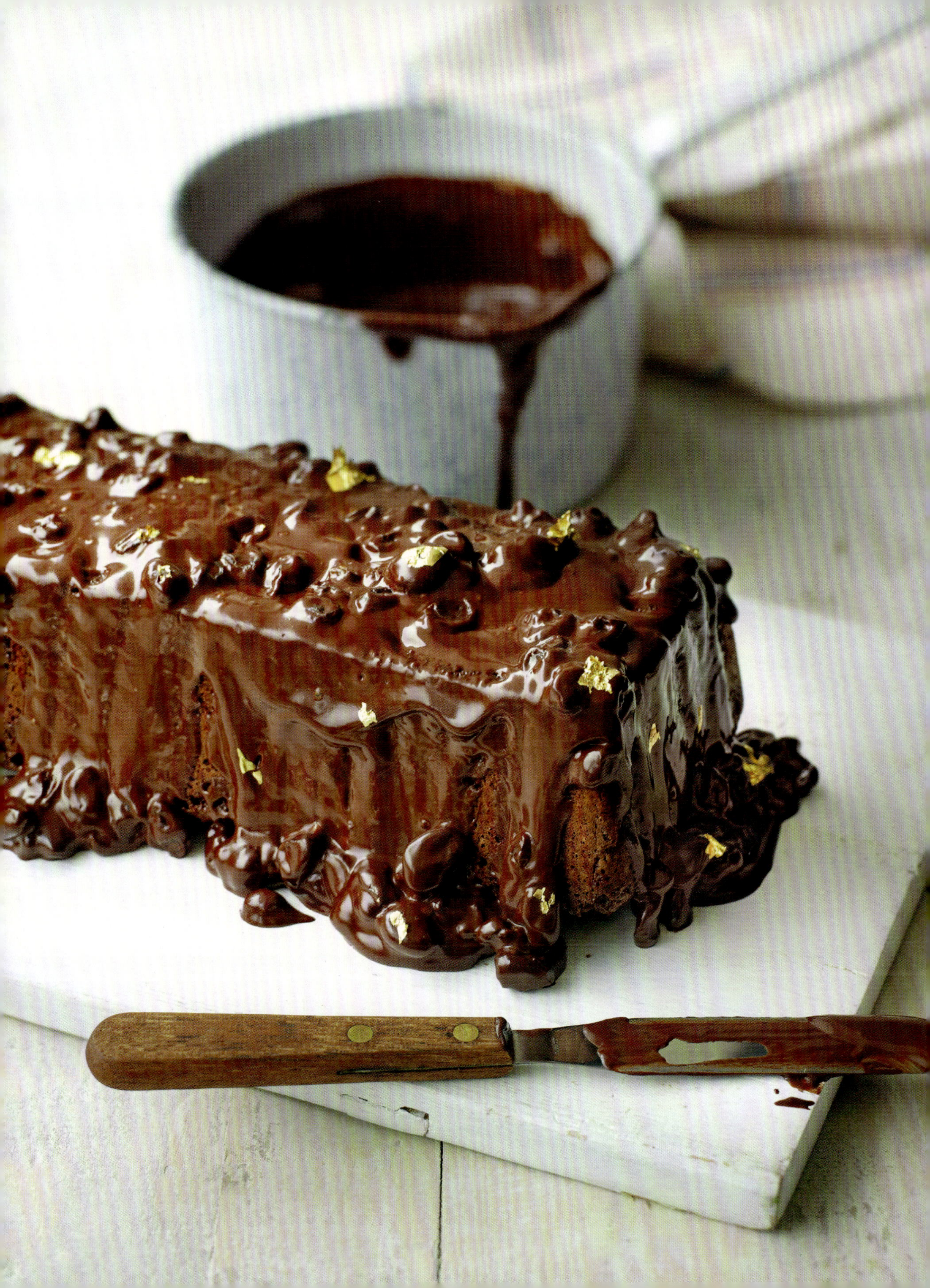

Financier de chocolate com crumble de limão

Esses clássicos petits fours macios foram inventados há centenas de anos pelos franceses e geralmente são feitos à base de farinha de nozes, amêndoa ou avelã. A junção de chocolate com toque cítrico torna essa versão muito especial.

Rendimento: 24 unidades
Preparo: 20 minutos
Tempo de forno: 12-15 minutos

40 g de chocolate amargo (até 70% de cacau) picado grosseiramente
75 g de manteiga sem sal em temperatura ambiente, mais um pouco para untar
50 g de farinha de amêndoa
125 g de açúcar de confeiteiro
40 g de farinha de trigo
4 claras
raspas de limão-siciliano, para decorar

Para o crumble de limão
25 g de manteiga sem sal
raspas finas de 1 limão-siciliano
2 gotas de suco de limão
25 g de farinha de trigo
25 g de açúcar de confeiteiro
50 g de farinha de amêndoa

Preaqueça o forno a 180°C (forno de convecção a 160°C). Unte levemente duas fôrmas de silicone de minicupcakes ou de minimuffins de doze cavidades.

Faça a cobertura de crumble de limão. Coloque a manteiga em uma tigela e misture as raspas e o suco de limão. Acrescente os demais ingredientes e misture com a ponta dos dedos até obter uma textura parecida com uma farofa grossa. Reserve.

Derreta o chocolate com a manteiga em banho-maria, em fogo brando, e deixe esfriar alguns minutos.

Misture a farinha de amêndoa, o açúcar de confeiteiro e a farinha de trigo ao chocolate derretido já frio.

Em uma tigela limpa e seca, bata as claras em neve e incorpore delicadamente ao preparo de chocolate.

Divida o preparo entre as cavidades das fôrmas, preenchendo até três quartos. Salpique generosamente o crumble de limão sobre cada bolinho e asse por 10-12 minutos. Deixe esfriar nas fôrmas por 5 minutos antes de desenformar e esfriar completamente. Decore com raspas de limão antes de servir.

Guarde no freezer os financiers que não forem consumidos no mesmo dia.

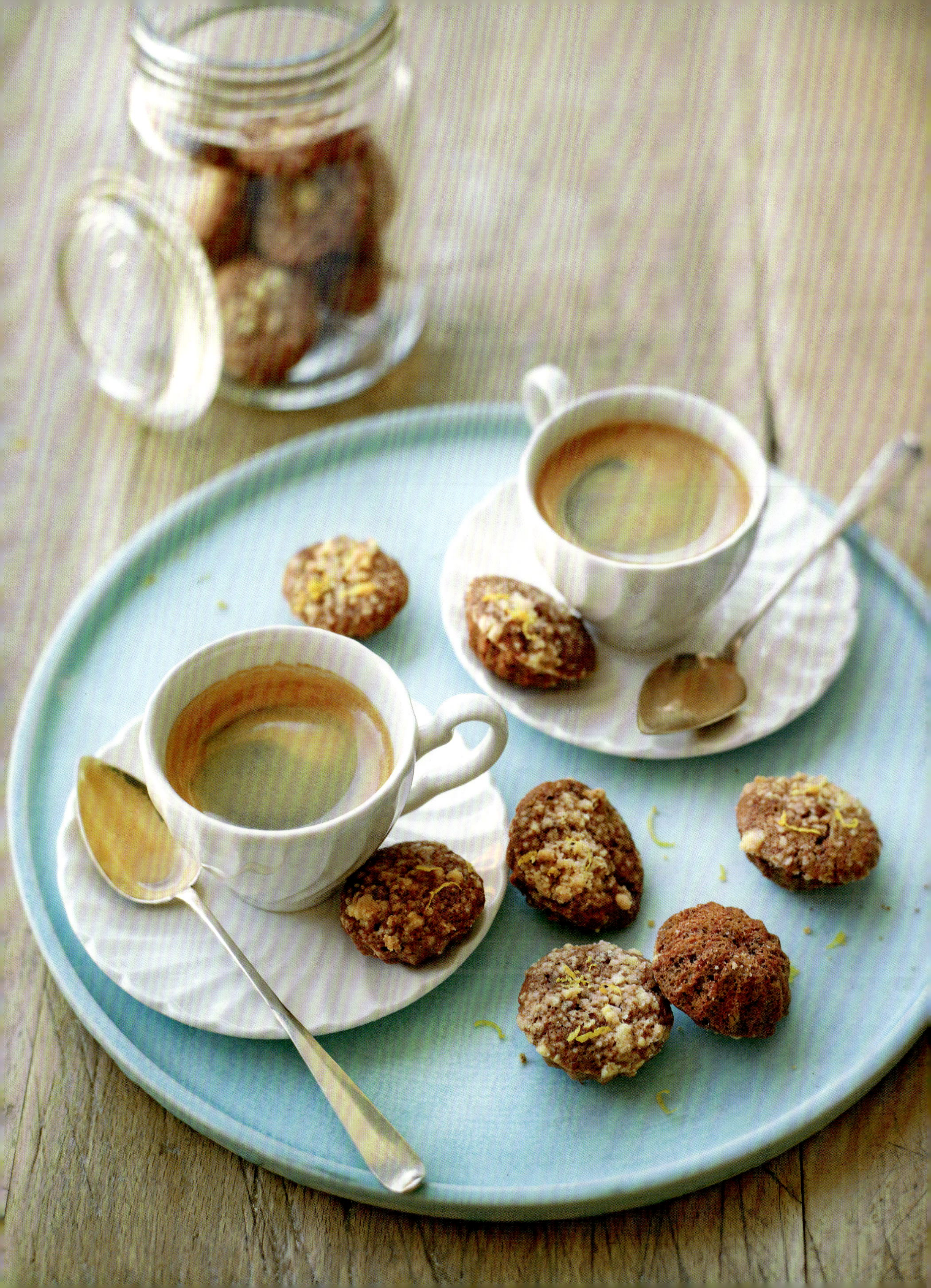

Waffle de chocolate

Quando eu era criança, adorava ir à Bélgica por dois motivos – o primeiro eram os waffles leves e macios; o segundo, o famoso chocolate. Daí minha homenagem a essas doces lembranças, em uma insuperável combinação de waffle e chocolate.

Rendimento: 12-16 unidades
Preparo: 5 minutos
Tempo de cozimento: 5 minutos por waffle

50 g de cacau em pó
2 colheres (chá) de canela em pó
250 g de manteiga derretida
300 g de açúcar
4 ovos batidos
250 g de farinha de trigo
2 colheres (sopa) de leite
2 colheres (chá) de extrato de baunilha
açúcar de confeiteiro e cacau em pó, para polvilhar

Preaqueça o aparelho de waffle. Peneire o cacau em pó em uma tigela grande e acrescente a canela e a manteiga. Acrescente o açúcar, os ovos e a farinha e incorpore o leite e a baunilha até obter uma massa homogênea.

Despeje um pouco da massa no aparelho de waffle e cozinhe conforme as instruções do fabricante. Repita até usar todo o preparo.

Polvilhe os waffles com açúcar de confeiteiro e cacau em pó e sirva-os quentes. Eles ficam perfeitos com as caldas de chocolate das pp. 168-9.

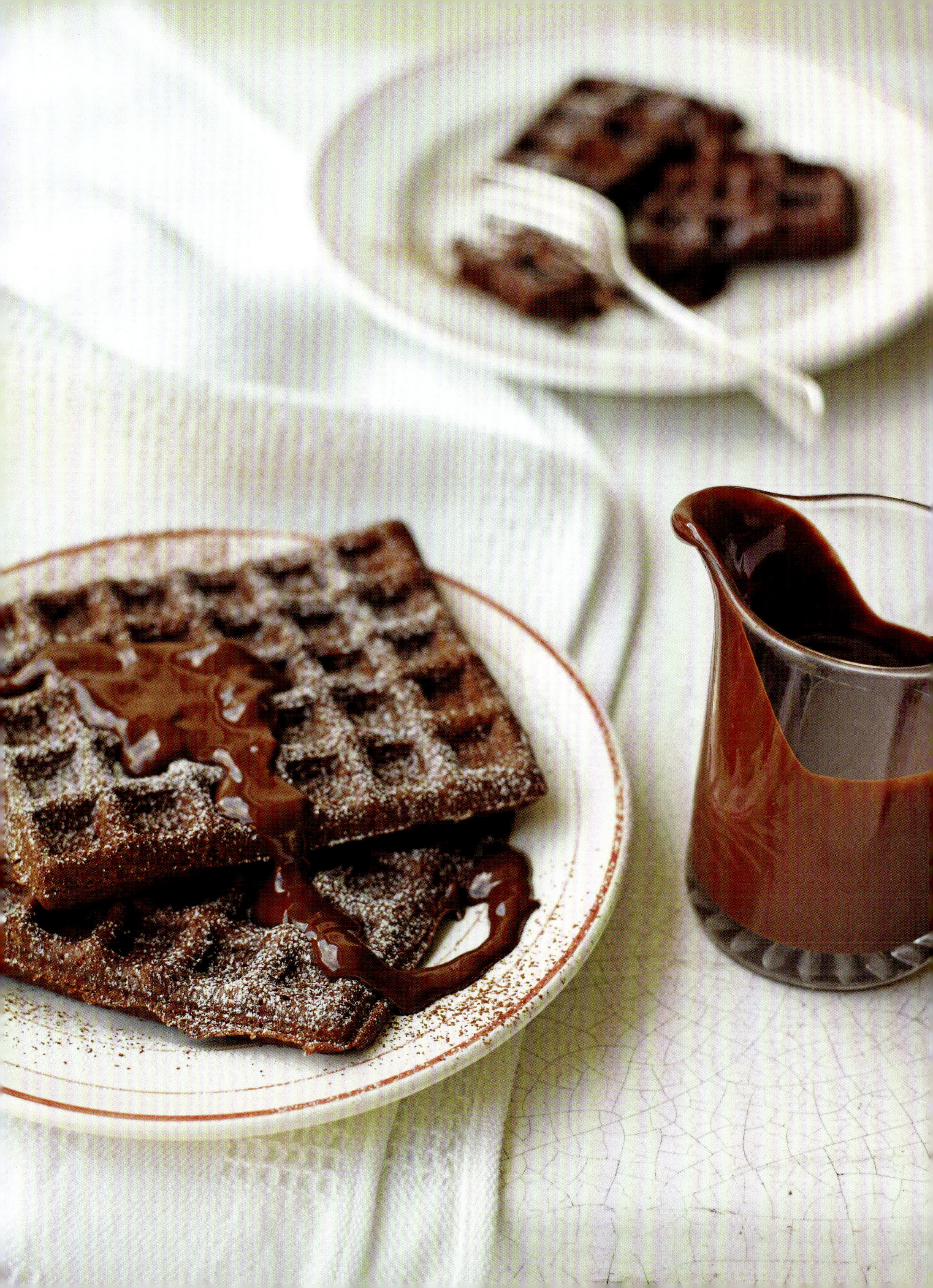

Shortbread bretão com chocolate

Esse é um grande biscoito amanteigado, uma especialidade encontrada em todas as confeitarias da minha Bretanha... E cada receita tem seu segredo! Essa é de minha avó Camille.

Rendimento: 8 unidades
Preparo: 15 minutos
Tempo de forno: 40-45 minutos

350 g de farinha de trigo
250 g de açúcar
250 g de manteiga com sal, cortada em cubos, mais um pouco para untar
6 gemas
2 colheres (sopa) de rum escuro
2 colheres (chá) de extrato de baunilha
150 g de gotas de chocolate amargo (até 70% de cacau)

Preaqueça o forno a 180°C (forno de convecção a 160°C). Unte uma fôrma redonda de fundo removível de 24 cm de diâmetro e forre a base com papel-manteiga.

Em uma tigela, misture a farinha e o açúcar. Adicione a manteiga e misture com a ponta dos dedos até obter uma textura parecida com migalhas de pão. Em outra tigela, bata 5 gemas com o rum e a baunilha e incorpore-as aos ingredientes secos. Acrescente as gotas de chocolate e misture delicadamente.

Espalhe a massa na fôrma untada. Bata a última gema e pincele sobre a massa. Com um garfo, desenhe um padrão xadrez na superfície.

Asse por 40-45 minutos, ou até que fique dourado e bem sequinho por dentro. Deixe esfriar na fôrma por alguns minutos e desenforme com cuidado para terminar de esfriar.

Shortbread de chocolate

Por mais de dez anos fui membro do belíssimo Skibo Castle, na Escócia, que servia esses magníficos biscoitos amanteigados de chocolate, um dos destaques da sua confeitaria.

Rendimento: 18 unidades
Preparo: 15 minutos, mais o tempo para refrigerar
Tempo de forno: 10-12 minutos

150 g de manteiga com sal em temperatura ambiente, mais um pouco para untar

125 g de açúcar mascavo claro

2 colheres (chá) de extrato de baunilha

175 g de farinha de trigo

25 g de cacau em pó

150 g de gotas de chocolate amargo (até 70% de cacau)

40 g de açúcar

Em uma tigela grande, bata a manteiga, o açúcar mascavo e a baunilha até obter um creme claro e leve. Peneire juntos a farinha e o cacau em pó e incorpore ao creme para obter uma massa esfarelada. Acrescente as gotas de chocolate.

Polvilhe o açúcar sobre uma superfície limpa. Molde a massa como uma linguiça de 5 cm de diâmetro e role sobre o açúcar. Cubra com filme de PVC e deixe descansar na geladeira por 2 horas ou mais.

Preaqueça o forno a 180°C (forno de convecção a 160°C). Unte duas assadeiras grandes.

Com uma faca larga, corte a massa em discos de 1 cm de espessura e coloque sobre as assadeiras. Asse por 10-12 minutos, ou até as bordas estarem firmes ao toque. Deixe esfriar nas assadeiras. Podem ser guardados em um recipiente hermético por 1 semana.

Merengue crocante de chocolate e malte

Sou o maior fã desses suspiros, mas eles precisam ser bem sequinhos, deliciosamente crocantes por fora e com o centro consistente. O malte e as espirais de chocolate dão um toque especial ao doce.

Rendimento: 6 unidades
Preparo: 15 minutos, mais o tempo para esfriar
Tempo de forno: 2h05

150 g de chocolate amargo (até 70% de cacau) picado grosseiramente
3 claras
100 g de açúcar
100 g de açúcar de confeiteiro
20 g de cacau em pó
15 g de extrato de malte em pó

Preaqueça o forno a 110°C (forno de convecção a 90°C). Forre duas assadeiras com papel-manteiga.

Derreta o chocolate em banho-maria em fogo brando.

Em uma tigela limpa e seca, bata as claras em neve. Acrescente o açúcar aos poucos, batendo de modo contínuo até obter uma textura brilhante. Peneire o açúcar de confeiteiro, o cacau e o malte sobre as claras em neve e incorpore delicadamente usando uma espátula de silicone. Misture suavemente o chocolate derretido ao suspiro para dar um efeito marmorizado.

Coloque seis colheradas generosas de suspiro nas assadeiras (não costumo alisar o formato) e asse por 2 horas. Desligue e deixe-os no forno até esfriarem por completo.

Remova os suspiros do papel-manteiga e, se quiser, guarde-os por 1 semana em um recipiente hermético. Gosto de servi-los empilhados com chantili sem açúcar e polvilhar com raspas de chocolate amargo.

Dica

Para obter claras em neve firmes, sempre use uma tigela limpa e seca, sem nenhum traço de gordura.

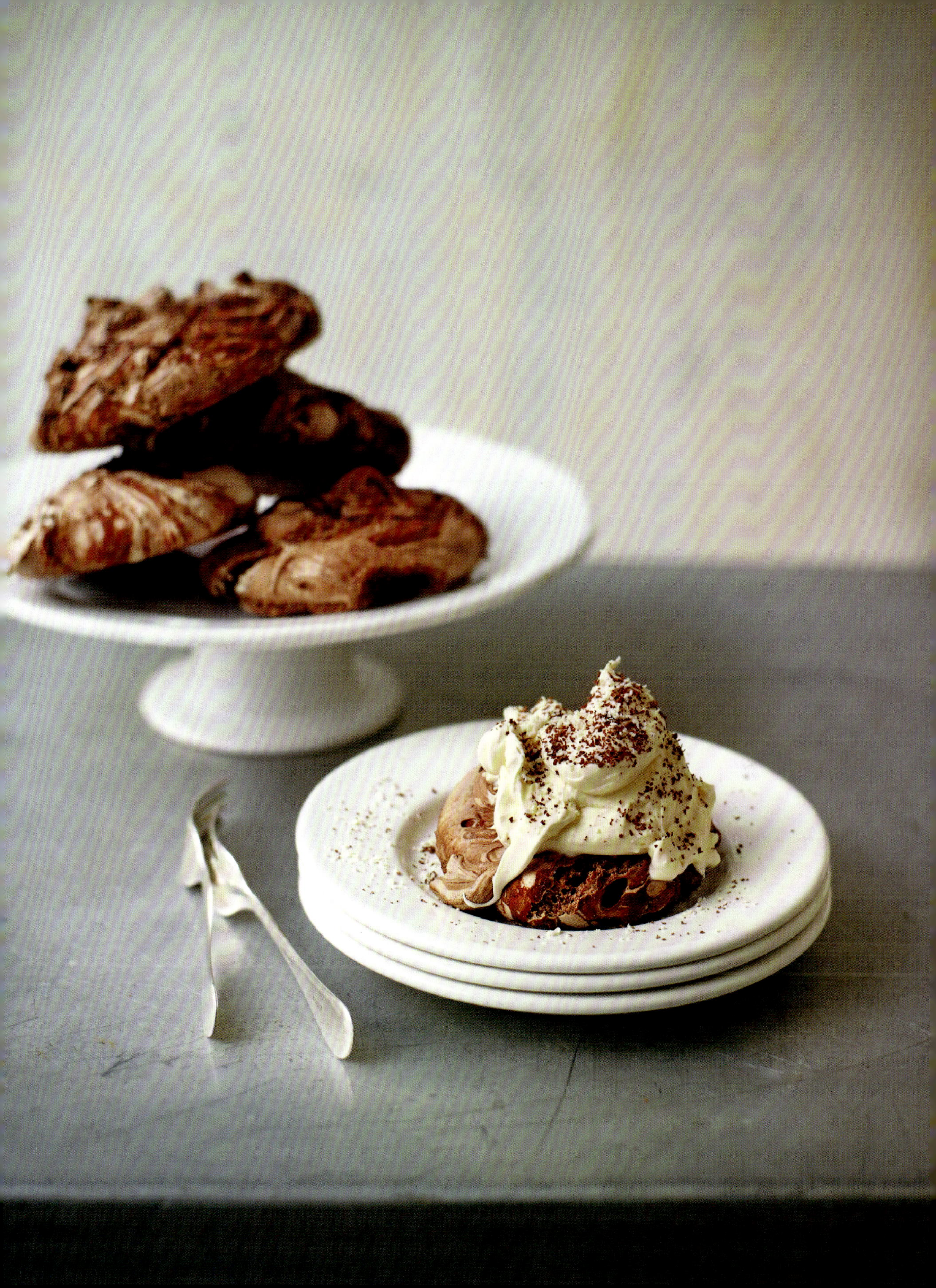

Kouglof de chocolate

A Alsácia e todo o leste da França são famosos por sua culinária e confeitaria. O kouglof, um doce tradicional da região, leva dois dias para ficar pronto, mas é tão gostoso e bonito que o trabalho vale a pena.

Rendimento: 8-10 porções
Preparo: 35 minutos, mais uma noite para a infusão, outra noite para refrigerar e o tempo para crescer e esfriar
Tempo de forno: 50-55 minutos

75 g de uva-passa branca
100 ml de conhaque
20 g de fermento biológico seco
100 g de açúcar
100 ml de leite morno
500 g de farinha de trigo, mais um pouco para enfarinhar
duas pitadas de sal
3 ovos
200 g de manteiga sem sal, cortada em cubos, mais um pouco para untar
75 g de amêndoa picada
2 colheres (sopa) de frutas cristalizadas
100 g de gotas de chocolate amargo (até 70% de cacau)

Para o glacê

150 g de chocolate amargo (até 70% de cacau) picado grosseiramente
50 g de manteiga sem sal
2 colheres (sopa) de açúcar de confeiteiro

Deixe as uvas-passas em infusão no conhaque por uma noite em temperatura ambiente.

No dia seguinte, coloque o fermento, o açúcar e o leite em uma tigela e misture delicadamente para dissolver. Deixe descansar por 10 minutos.

Peneire a farinha e o sal na tigela da batedeira preparada com batedor de massa. Acrescente os ovos e a mistura de fermento e bata por 10 minutos ou até a massa se soltar da borda da tigela. Aos poucos, adicione a manteiga e incorpore bem. Acrescente os demais ingredientes, inclusive as uvas-passas escorridas e bata por mais 5 minutos.

Unte e enfarinhe uma fôrma para pudim com capacidade para 2 litros. Despeje a massa na fôrma, cubra com filme de PVC e deixe na geladeira por uma noite. Retire a fôrma e deixe a massa crescer em temperatura ambiente por 4-5 horas.

Asse o kouglof em forno preaquecido a 170°C (forno de convecção a 150°C) por 45-50 minutos, ou até que adquira uma bonita cor dourada. Desenforme depois de 10 minutos e deixe esfriar completamente.

Para o glacê, derreta o chocolate e a manteiga em banho-maria em fogo baixo, depois incorpore o açúcar. Derrame o glacê sobre o bolo e deixe esfriar. Na Alsácia servem com creme de leite fresco batido.

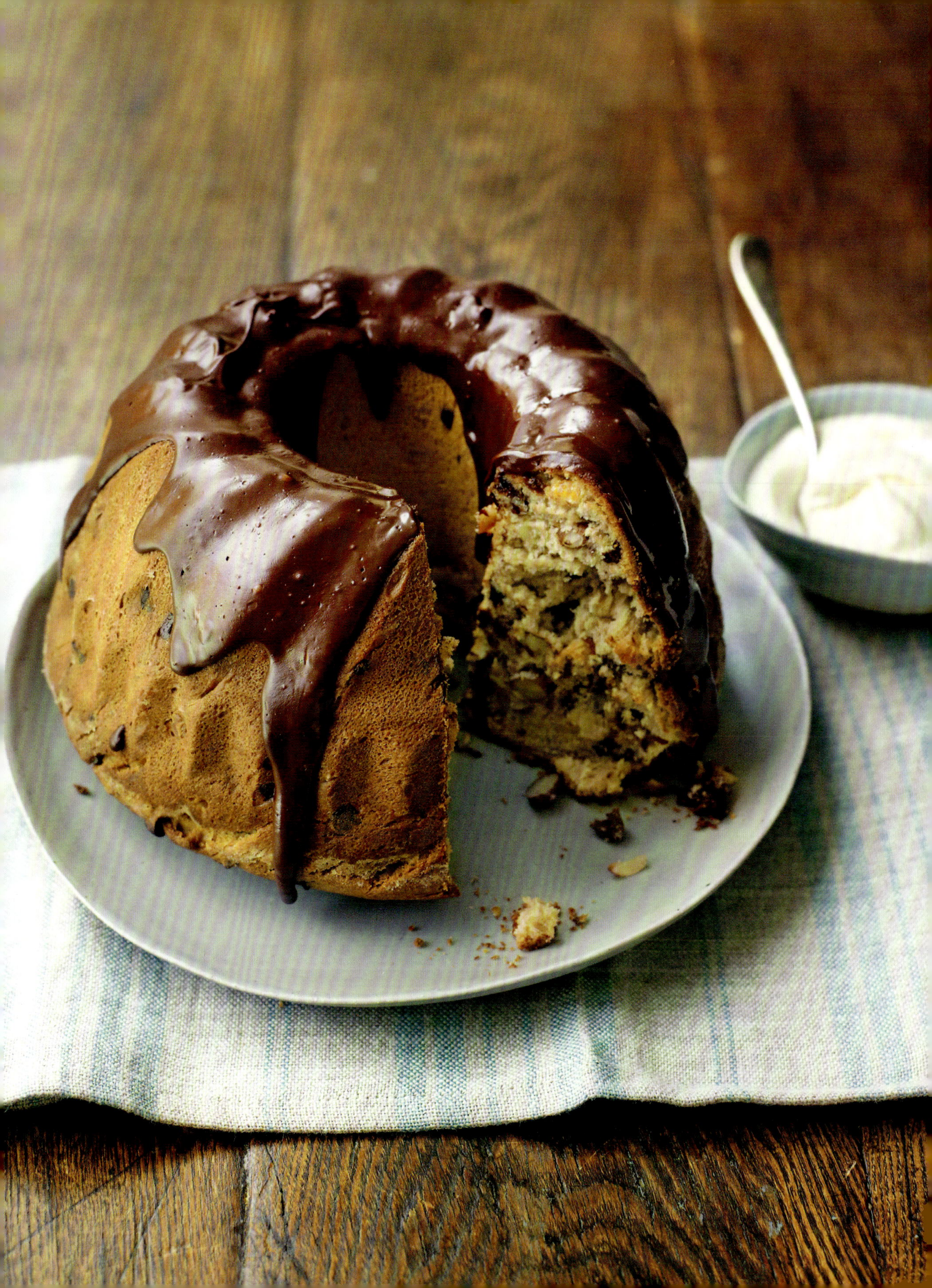

Bolo de chocolate, abóbora e noz-pecã

Com seu sabor rústico e perfumado e com o toque crocante das nozes, esse é o bolo perfeito para um dia mais frio. E fica ainda melhor no dia seguinte.

Rendimento: 8 porções
Preparo: 20 minutos, mais o tempo para esfriar e para descansar por uma noite
Tempo de forno: 1h25

125 g de noz-pecã
1 colher (chá) de pimenta-de--caiena
225 g de chocolate amargo (até 70% de cacau) picado grosseiramente
150 g de manteiga sem sal, mais um pouco para untar
3 ovos
275 g de açúcar mascavo escuro
275 ml de água
3 colheres (chá) de extrato de baunilha
250 g de farinha de trigo com fermento
3 colheres (chá) de canela em pó
100 g de abóbora crua, sem casca e ralada
cacau em pó, para polvilhar

Preaqueça o forno a 170°C (forno de convecção a 150°C). Unte uma fôrma redonda de fundo removível de 23 cm de diâmetro e forre com papel-manteiga.

Misture as nozes com a pimenta-de-caiena e asse-as por 10 minutos ou até que estejam douradas e crocantes. Deixe esfriar e pique grosseiramente.

Derreta o chocolate e a manteiga em banho-maria em fogo baixo. Reserve.

Bata os ovos e o açúcar até formar um creme leve e homogêneo. Acrescente o chocolate derretido, a água e a baunilha. Peneire a farinha e a canela sobre a massa e bata até homogeneizar. Junte a abóbora e as nozes-pecãs.

Despeje a massa na fôrma e asse por 1h10, ou até que, ao inserir um palito no centro do bolo, ele saia limpo. Mantenha na fôrma por 10 minutos, então desenforme e deixe esfriar completamente.

Embrulhe o bolo em filme de PVC e deixe em temperatura ambiente por 24 horas ou mais. Antes de servir polvilhe cacau em pó.

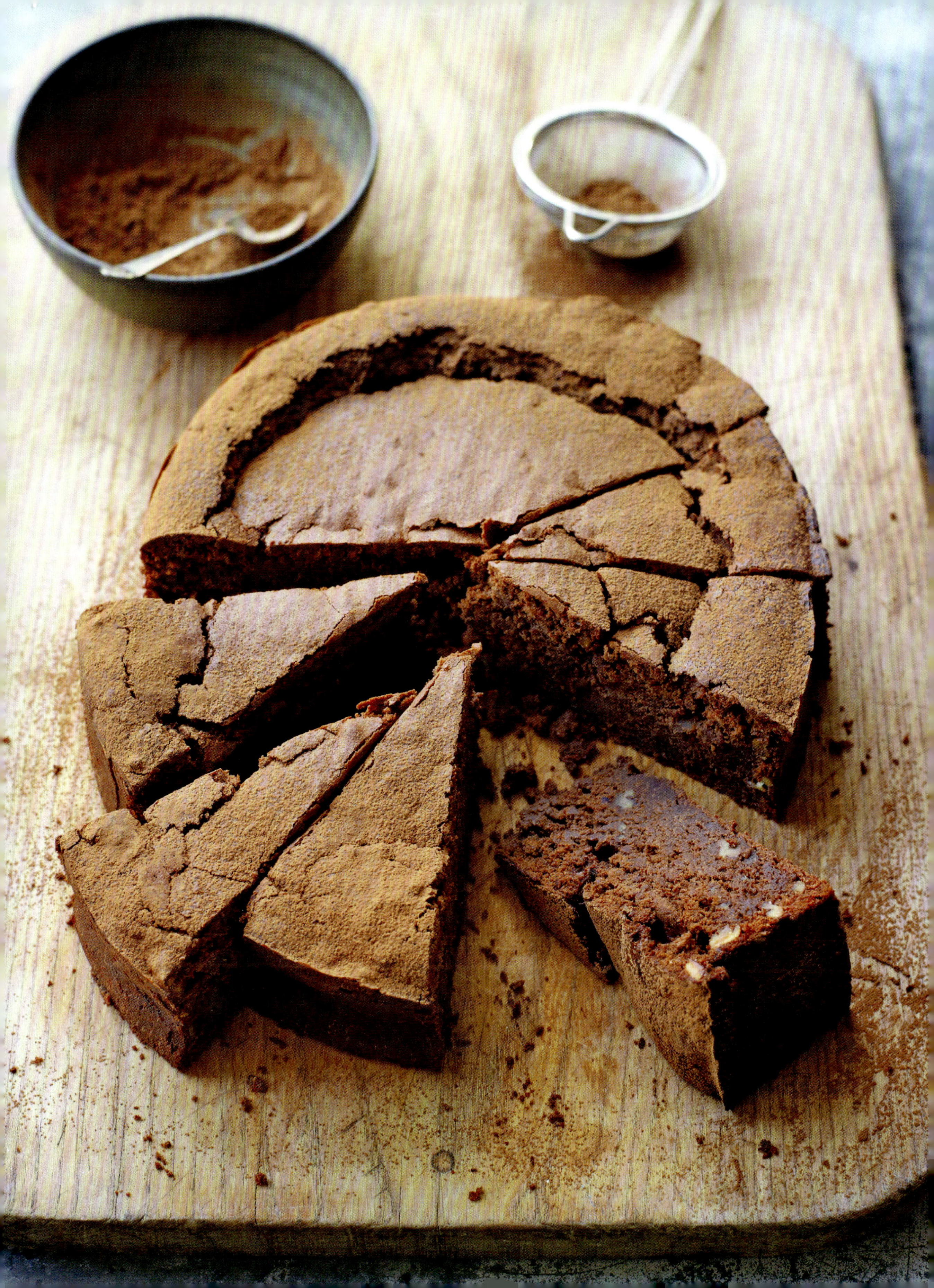

Charlote de damasco e chocolate

Sobremesas

Charlote de damasco e chocolate

Essa era a receita predileta de minha mãe. Ela fazia essa sobremesa espetacular aos domingos, quando recebíamos visitas. Deve ser preparada na véspera para dar tempo de gelar até o ponto certo.

Rendimento: 6 porções
Preparo: 30 minutos, mais o tempo para esfriar e refrigerar por uma noite
Tempo de forno: 15 minutos

manteiga, para untar
30-35 biscoitos champanhe

Para o damasco
50 ml de água
100 g de açúcar
300 g de damasco fresco, picado em cubinhos (se não encontrar, substitua por pêssego fresco)
suco de 1 limão-siciliano
5 g de manteiga sem sal
2 colheres (chá) de mel
1 colher (sopa) de geleia de damasco
2 colheres (chá) de vinagre balsâmico

Para a musse de chocolate
100 g de chocolate amargo (até 70% de cacau) picado grosseiramente
25 g de manteiga sem sal
3 colheres (sopa) de creme de leite fresco espesso (veja dica ao lado)
2 gemas
100 g de claras
15 g de açúcar

Comece com os damascos. Coloque a água e o açúcar em uma panela e aqueça em fogo baixo até o açúcar se dissolver formando uma calda. Coloque os damascos em uma tigela e despeje sobre eles a calda e o suco de limão. Deixe esfriar, coe os damascos e reserve a calda.

Derreta a manteiga em uma frigideira e doure os cubinhos de damasco. Retire do fogo, junte o mel, a geleia de damasco e o vinagre. Volte ao fogo e cozinhe por mais 2 minutos e deixe esfriar.

Para a musse, derreta o chocolate e a manteiga em banho-maria em fogo baixo. Retire do fogo e incorpore primeiro o creme de leite, depois as gemas. Em uma tigela limpa e seca, bata as claras com o açúcar em neve firme, acrescente delicadamente as claras ao preparo de chocolate para formar uma musse macia.

Para a charlote, unte levemente uma fôrma de pudim alta com 15 cm de diâmetro e forre a base com papel-manteiga. Mergulhe os biscoitos na calda de damascos reservada e forre cuidadosamente a lateral e o fundo da fôrma com os biscoitos sem deixar espaço entre eles.

Despeje uma terça parte da musse sobre a base, espalhe metade dos damascos frios por cima e cubra com uma camada de biscoitos umedecidos na calda. Repita o processo, terminando com a camada de biscoitos. Se for preciso, apare o excesso de biscoitos das laterais para nivelar a superfície. Cubra com papel-manteiga e coloque por cima alguns pratos pequenos para fazer peso. Deixe na geladeira por uma noite.

Uma hora antes de servir, vire a charlote em um prato de servir e deixe em temperatura ambiente. Decore com damascos e sirva com creme de leite fresco. Veja na página anterior o belo resultado.

Dica

Para fazer o creme de leite espesso, separe a quantidade de creme de leite fresco necessária, acrescente um pouco de coalhada, iogurte ou suco de limão e deixe em temperatura ambiente até engrossar.

SOBREMESAS 67

1. Doure os cubinhos de damasco no mel, adicione a geleia e o vinagre balsâmico.

2. Bata as claras em neve e incorpore ao preparo de chocolate derretido.

3. Unte uma fôrma de pudim alta e forre as laterais e o fundo com os biscoitos.

4. Coloque parte da musse de chocolate na base, juntando metade dos damascos.

5. Adicione uma camada de biscoitos umedecidos na calda de damasco.

6. Repita as camadas de chocolate e de damascos, terminando com os biscoitos. Cubra, coloque um pesinho por cima e deixe uma noite na geladeira antes de desenformá-la.

Copinho de chocolate

Receita ideal para quem curte um docinho depois das refeições. É básica, fácil de fazer e não dá culpa de comer, porque é pequenininha.

Rendimento: 8 porções
Preparo: 10 minutos, mais o tempo para esfriar e refrigerar
Tempo de cozimento: 5 minutos

1 litro de leite

200 g de chocolate amargo (até 70% de cacau) picado grosseiramente

50 g de açúcar mascavo claro

75 g de maisena

50 g de manteiga sem sal cortada em cubinhos

2 colheres (chá) de conhaque

Reserve 150 ml de leite e despeje o restante em uma panela pequena. Acrescente o chocolate e o açúcar e aqueça em fogo baixo, mexendo até que o açúcar dissolva completamente.

Bata a maisena e o leite reservado com um fouet pequeno e incorpore ao leite achocolatado; leve para ferver mexendo constantemente. Retire a panela do fogo, acrescente a manteiga e depois o conhaque.

Despeje o preparo em copinhos ou xícaras de café. Deixe esfriar e coloque na geladeira por 4 horas ou mais. Retire da geladeira 1 hora antes de servir.

Dica

Para variar os sabores, substitua o conhaque por licor de laranja, cereja, cassis ou framboesa.

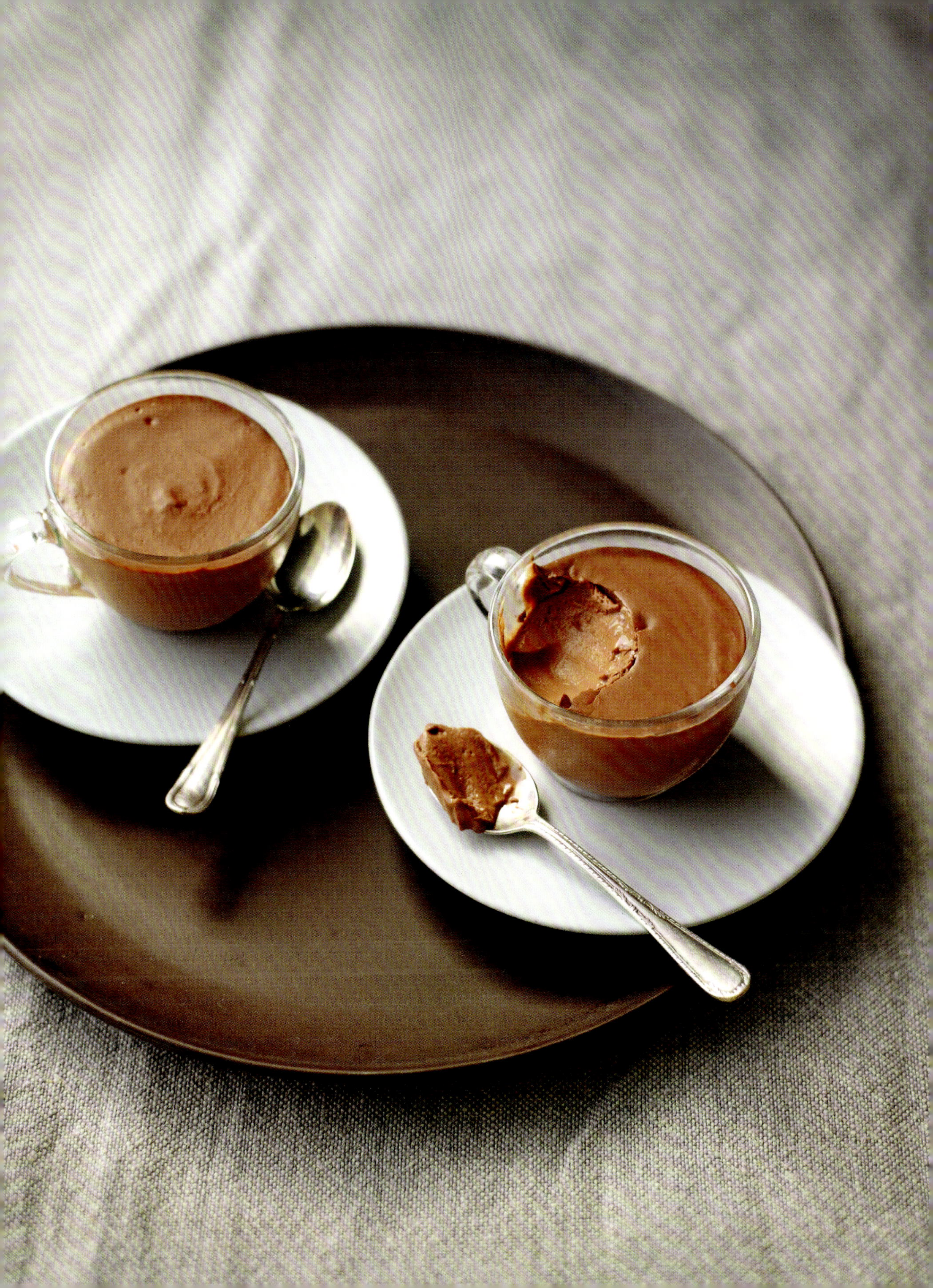

Gâteau Concorde

Essa receita foi criada pelo mestre da confeitaria moderna Gaston Lenôtre. Para quem gosta de chocolate e suspiro, um bolo que é o paraíso!

Rendimento: 8 porções
Preparo: 40 minutos, mais o tempo para esfriar e refrigerar
Tempo de forno: 1h35

125 g de chocolate amargo (até 70% de cacau) picado grosseiramente
75 g de manteiga sem sal
3 gemas
5 claras
açúcar de confeiteiro e cacau em pó, para polvilhar

Para o merengue
5 claras
175 g de açúcar
150 g de açúcar de confeiteiro
35 g de cacau em pó

Faça os merengues. Preaqueça o forno a 150°C (forno de convecção a 130°C). Forre quatro assadeiras com papel-manteiga e risque um disco de 22 cm de diâmetro em três deles.

Bata as claras em neve numa tigela grande e limpa, acrescentando o açúcar aos poucos. Misture o açúcar de confeiteiro com o cacau em pó e incorpore muito delicadamente ao preparo de suspiro.

Coloque o merengue em um saco de confeitar com bico plano de 1 cm de diâmetro e preencha os três discos desenhados no papel-manteiga. Com o restante do merengue faça rolinhos longos de suspiro sobre o papel-manteiga restante. Asse os suspiros no forno por 1h30, até que fiquem bem crocantes. Retire do forno e deixe esfriar.

Prepare a musse de chocolate. Derreta o chocolate em banho-maria em fogo baixo. Retire do fogo, acrescente a manteiga, misture e depois junte as gemas. Bata as claras em neve em uma tigela limpa e seca e acrescente delicadamente o chocolate derretido. Cubra e leve à geladeira por alguns minutos para firmar a musse.

Para montar, coloque metade da musse em um saco de confeitar com bico plano de 1 cm de diâmetro, espalhe um pouco no prato de servir e assente um dos discos de suspiro. Cubra o suspiro com musse e coloque o segundo disco, pressionando levemente para firmar. Espalhe outra camada de musse e coloque o último disco com a parte plana virada para cima. Com uma espátula de metal, espalhe o restante da musse sobre a tampa e as laterais do doce.

Com uma faca bem afiada, corte os rolinhos de suspiro em pedaços de 2 cm e coloque-os aleatoriamente sobre o doce até que esteja todo coberto. Cubra com filme de PVC e leve à geladeira por 4 horas no mínimo. Ao servir, polvilhe açúcar de confeiteiro e uma leve camada de cacau em pó.

Dica

Faça os suspiros na véspera, assim eles ficam mais sequinhos.

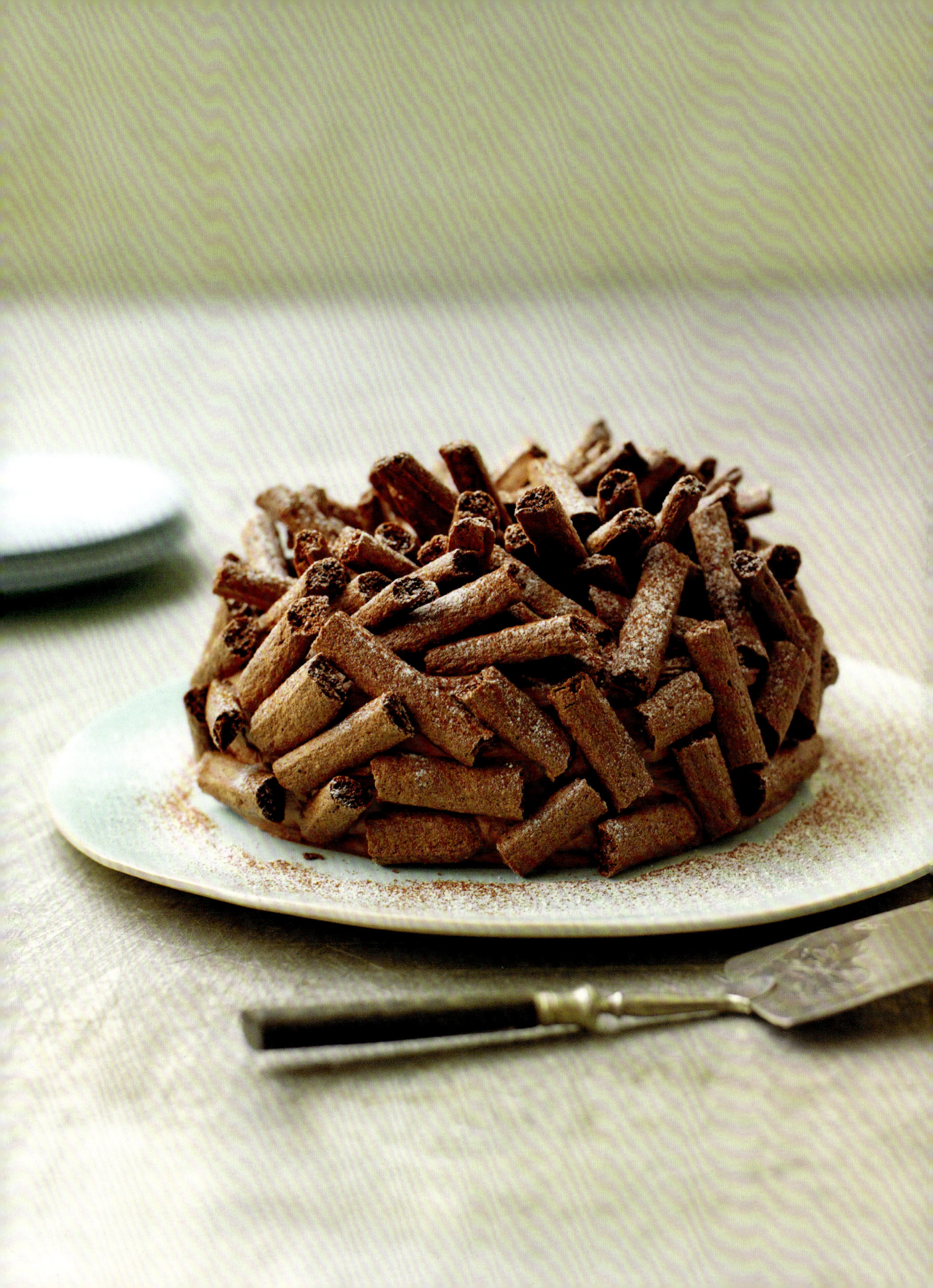

Crème brûlée de chocolate e tonca

Tonca, ou cumaru, é a semente de uma árvore amazônica e tem um aroma delicioso de baunilha e chocolate ao leite que dá um toque luxuoso ao creme.

Rendimento: 6 porções
Preparo: 15 minutos, mais uma noite na geladeira
Tempo de forno: 1h10

100 g de chocolate amargo (até 70% de cacau) picado finamente
1 fava de tonca
600 ml de creme de leite fresco
8 gemas
75 g de açúcar
4 colheres (sopa) de açúcar demerara

Preaqueça o forno a 110°C (forno de convecção a 90°C). Coloque seis cumbuquinhas para crèmes brûlées ou ramequins refratários em uma assadeira e preencha-a com água até metade da altura das louças.

Coloque o chocolate em uma tigela refratária. Com um ralador de noz-moscada (fino), rale a fava e misture com o chocolate. Despeje o creme de leite em uma panela e aqueça quase ao ponto de fervura, então acrescente o chocolate e misture delicadamente até o chocolate derreter.

Bata as gemas com o açúcar até obter um creme claro e leve. Aos poucos, junte o preparo de chocolate a esse creme. Despeje nos ramequins e leve para assar em banho-maria por 1 hora, ou até firmar. Deixe esfriar e leve à geladeira por uma noite. Antes de servir, polvilhe cada crème brûlée com açúcar demerara e caramelize com maçarico.

Dica

Se não tiver maçarico, polvilhe os crèmes brûlées com açúcar e coloque os ramequins em uma assadeira. Coloque a assadeira sob o grill do forno até o açúcar caramelizar.

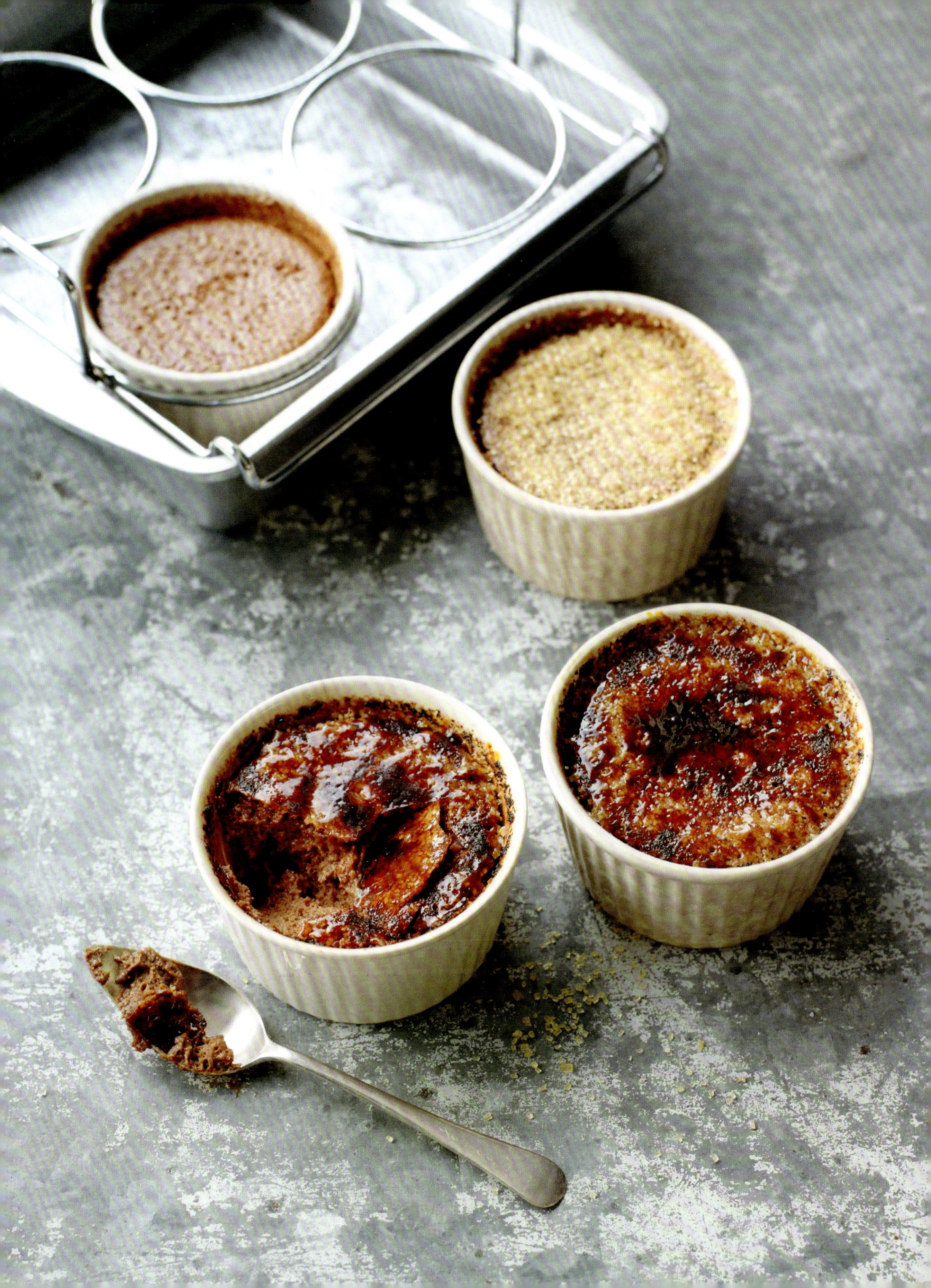

Torta de framboesa e chocolate

Além da perfeita combinação de chocolate amargo com framboesa, a massa podre realça ainda mais o sabor e a textura dessa deliciosa receita.

Rendimento: 6 porções
Preparo: 25 minutos, mais o tempo para esfriar e refrigerar
Tempo de forno: 25 minutos

175 g de farinha de trigo, mais um pouco para enfarinhar

50 g de cacau em pó

50 g de açúcar de confeiteiro

150 g de manteiga sem sal cortada em cubos, mais um pouco para untar

3 gemas

1 colher (chá) de extrato de baunilha

500 g de framboesa fresca

açúcar de confeiteiro, para polvilhar

Para a ganache

200 g de chocolate amargo (até 70% de cacau) picado grosseiramente

200 ml de creme de leite fresco

2 colheres (chá) de extrato de baunilha

75 g de manteiga sem sal

Numa tigela, peneire juntos a farinha, o cacau em pó e o açúcar de confeiteiro. Acrescente a manteiga e incorpore com a ponta dos dedos até obter uma textura esfarelada. Junte as gemas e misture delicadamente; adicione a baunilha e incorpore bem para obter uma massa homogênea, mas não a trabalhe demais. Cubra com filme de PVC e coloque na geladeira por 30 minutos ou mais.

Preaqueça o forno a 190°C (forno de convecção a 170°C). Unte uma fôrma de fundo removível de 24 cm de diâmetro.

Abra a massa em uma superfície levemente enfarinhada e, com cuidado, forre toda a fôrma com ela. Com um garfo, faça alguns furos na massa para evitar bolhas de ar ao assar, cubra com papel-manteiga e espalhe feijões sobre a massa coberta de papel-manteiga para fazer peso. Leve ao forno por 15 minutos. Retire os feijões e o papel-manteiga e leve de volta ao forno por mais 5 minutos. Deixe esfriar.

Para a ganache, derreta o chocolate em banho-maria, em fogo baixo. Enquanto isso, coloque o creme de leite em uma panela e aqueça bem, sem deixar ferver. Retire o chocolate derretido do calor e acrescente devagar o creme, misturando com cuidado. Adicione a baunilha, depois a manteiga e misture.

Preencha a massa assada já fria com as framboesas, reservando algumas para decorar. Despeje a ganache quente sobre elas até preencher a altura da torta. Leve à geladeira por 30 minutos ou mais para firmar. Desenforme um pouco antes de servir, decore com as framboesas reservadas e polvilhe com açúcar de confeiteiro.

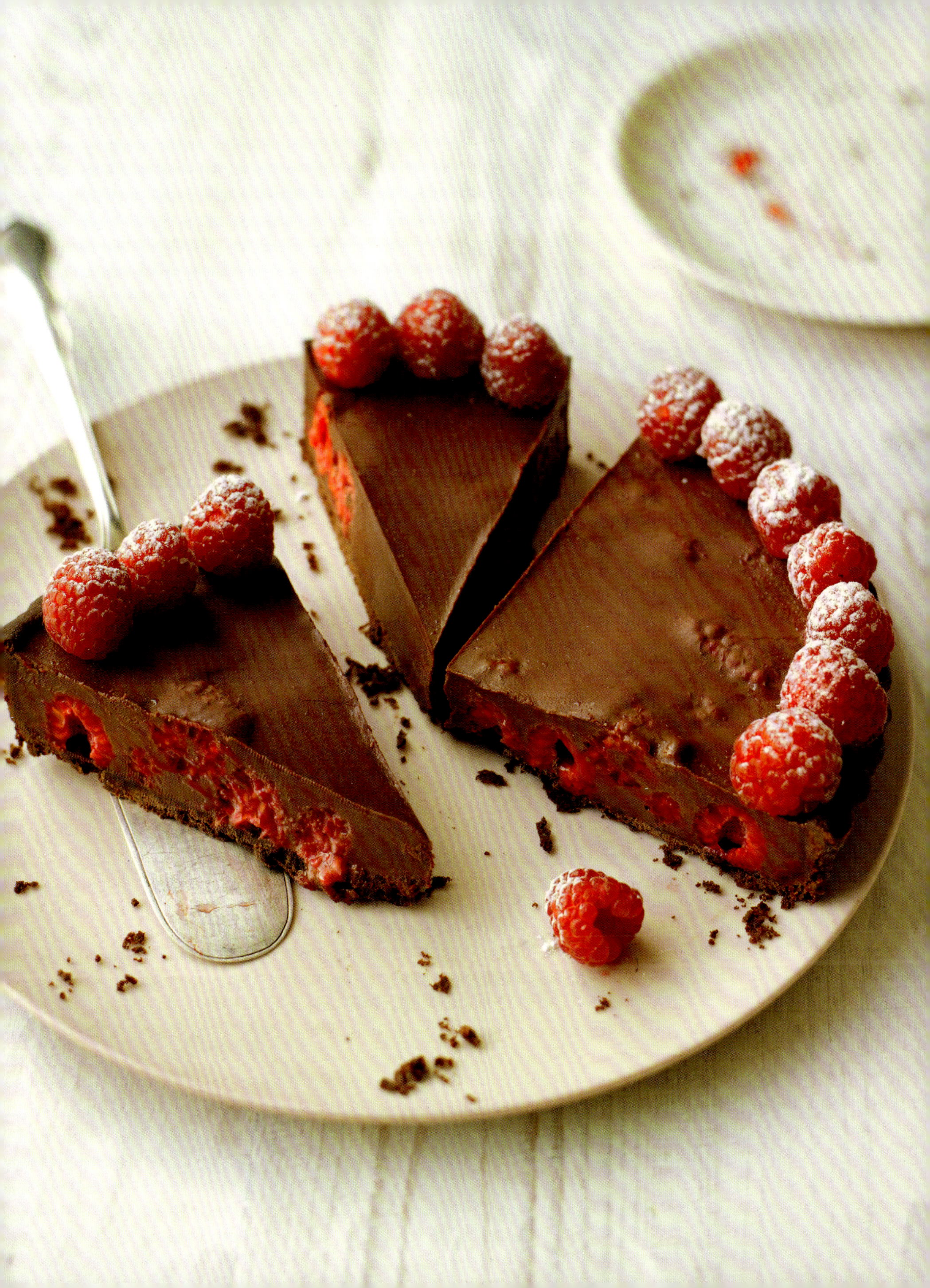

Clafoutis de pera e chocolate

O clafoutis é um prato rústico, em geral feito com frutas vermelhas. A sobremesa voltou à moda, e essa combinação de peras cruas com chocolate é perfeita!

Rendimento: 6 porções
Preparo: 20 minutos, mais o tempo para esfriar
Tempo de forno: 25-30 minutos

manteiga sem sal, para untar
1 colher (sopa) de açúcar mascavo
250 g de chocolate amargo (até 70% de cacau) picado grosseiramente
50 g de farinha de trigo
1 colher (chá) de canela em pó
4 ovos batidos
50 ml de creme de leite fresco levemente batido
200 ml de leite
4 peras maduras, descascadas, sem o miolo e cortadas em fatias grossas

Preaqueça o forno a 180°C (forno de convecção a 160°C). Unte uma travessa de louça refratária de 1,5 litro e polvilhe o açúcar.

Derreta o chocolate em banho-maria, em fogo baixo.

Peneire a farinha de trigo com a canela, acrescente os ovos, o creme de leite e o leite formando uma massa líquida. Adicione o chocolate derretido e despeje o preparo na travessa. Espalhe as fatias de pera por toda a superfície da massa, deixando que afundem.

Asse por 20-25 minutos, ou até firmar. Deixe esfriar bem na própria travessa, só depois coloque na geladeira.

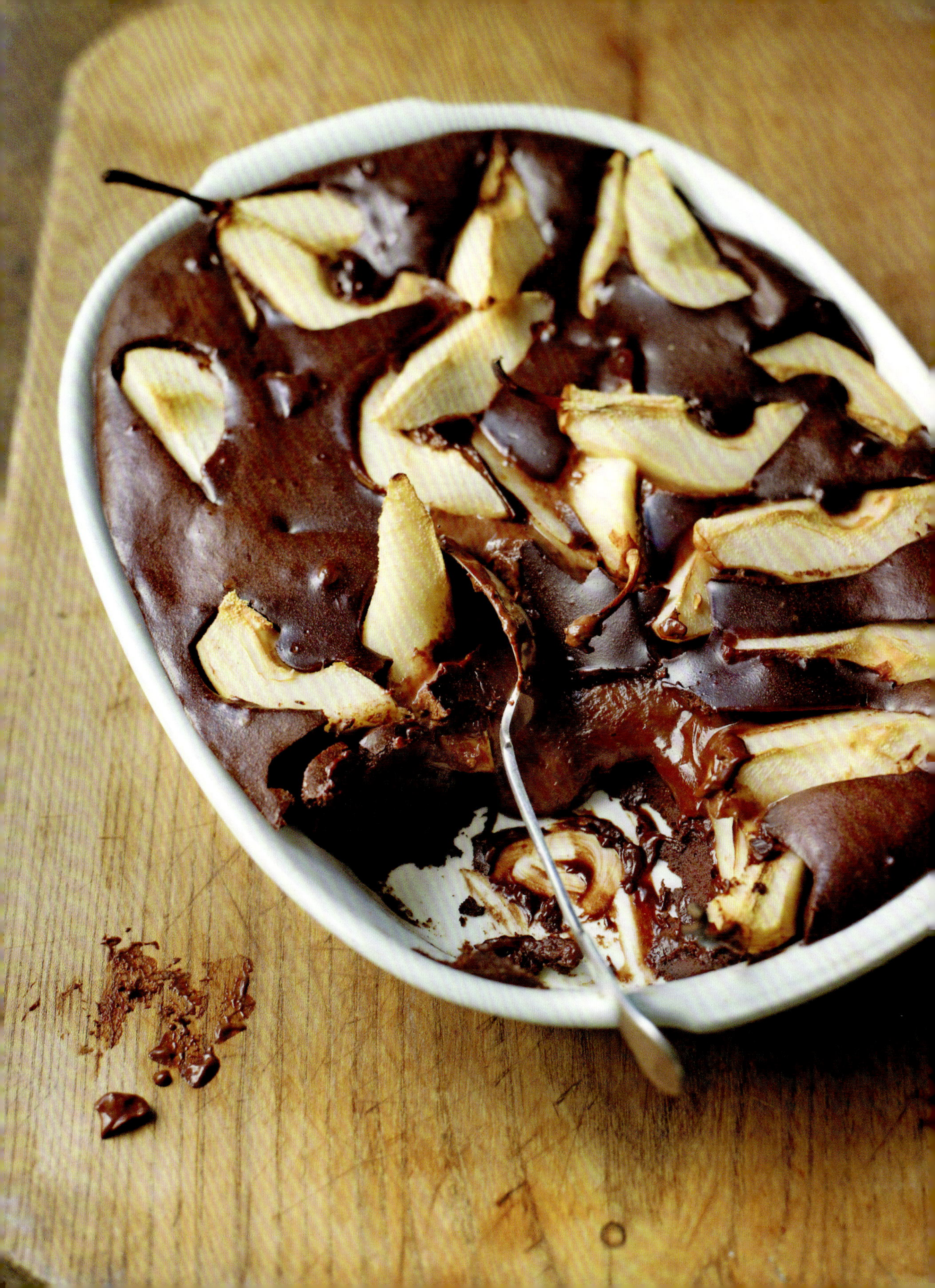

Mil-folhas de chocolate e amora

A leveza, a maciez e a textura amanteigada de um bom mil-folhas são imbatíveis. A combinação de chocolate com amora e licor de cassis torna essa versão mais sofisticada.

Rendimento: 8 porções
Preparo: 30 minutos, mais o tempo para esfriar
Tempo de forno: 20-30 minutos

500 g de massa folhada pronta
farinha de trigo, para enfarinhar
25 g de cacau em pó
400 g de amora
açúcar de confeiteiro e cacau em pó, para polvilhar

Para o creme de chocolate

100 g de chocolate amargo (até 70% de cacau) picado
100 ml de creme de leite light
450 ml de creme de leite fresco
2 colheres (sopa) de licor de cassis, mais um pouco para regar

Preaqueça o forno a 220°C (forno de convecção a 200°C). Sobre uma superfície levemente enfarinhada, abra a massa em um retângulo grande e peneire metade do cacau. Dobre uma das pontas do retângulo até o centro e repita o processo com a ponta oposta, de modo que as duas se encontrem no centro. Repita o processo, polvilhe mais cacau e finalmente abra a massa em um retângulo fino de 34 cm x 28 cm.

Coloque a massa em uma assadeira grande e, se for necessário, apare para que caiba. Espete a massa em vários lugares com um garfo, cubra com papel-manteiga e coloque outra assadeira sobre ela para fazer peso.

Asse por 10-15 minutos, ou até a massa pegar cor. Retire a assadeira de cima e o papel-manteiga e volte ao forno por mais 5-10 minutos, ou até que a massa fique bem assada. Deixe esfriar.

Enquanto isso, faça o creme de chocolate. Coloque o chocolate picado em uma tigela refratária. Aqueça bem o creme de leite light em fogo baixo, sem deixar ferver. Derrame o creme sobre o chocolate e misture delicadamente até o preparo ficar liso e homogêneo. Deixe esfriar. Bata o creme de leite fresco em chantili firme. Misture delicadamente o creme de chocolate com o chantili e incorpore o licor de cassis.

Para montar o mil-folhas, corte a massa já fria em dezesseis pequenos retângulos. Com um saco de confeitar ou espátula, espalhe uma camada espessa do creme de chocolate sobre todos os retângulos. Arrume as frutas sobre metade dos retângulos e reserve oito amoras para decorar. Espalhe mais creme de chocolate entre elas. Monte os retângulos como sanduíches e finalize com um último retângulo sobre as amoras. Polvilhe com açúcar de confeiteiro e cacau em pó. Corte as amoras reservadas ao meio e regue com cassis.

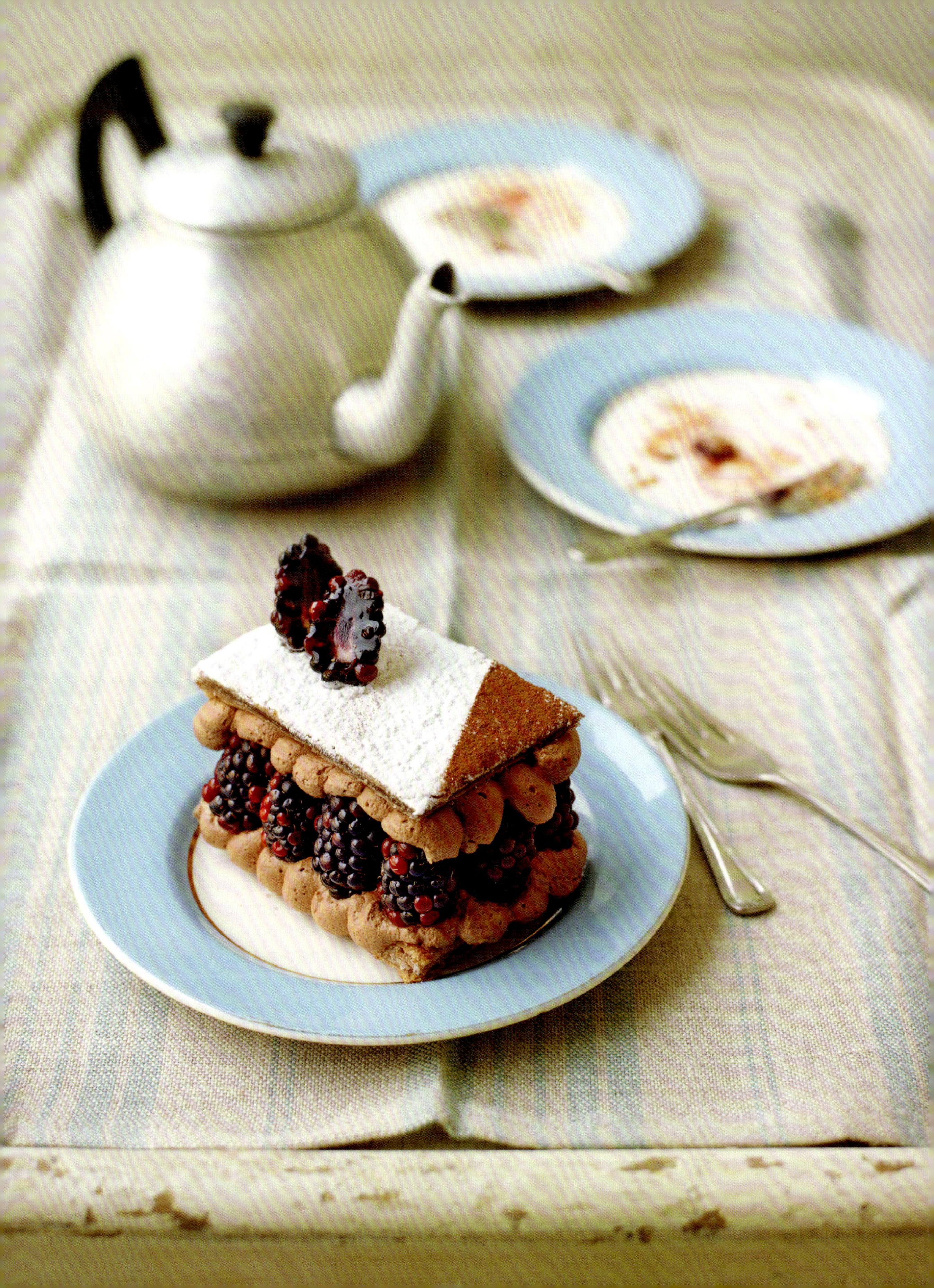

Gâteau Opéra

Outro clássico francês que é presença obrigatória nas melhores confeitarias do país. Também é um dos mais pedidos em minha confeitaria londrina.

Rendimento: 8 porções
Preparo: 1 hora, mais o tempo para esfriar e refrigerar
Tempo de forno: 25 minutos

3 claras
1 colher (sopa) de açúcar
150 g de farinha de amêndoa
150 g de açúcar de confeiteiro
3 ovos
35 g de farinha de trigo
20 g de manteiga sem sal derretida

Para o creme amanteigado de café
200 g de açúcar
2 colheres (sopa) de água
½ colher (chá) de extrato de baunilha
1 ovo, mais 1 gema
200 g de manteiga sem sal
2 colheres (sopa) de café expresso, gelado

Para a ganache
250 g de chocolate amargo (até 70% de cacau) picado
35 g de manteiga sem sal em temperatura ambiente
125 ml de creme de leite fresco
125 ml de leite

Para a calda de café
50 ml de café expresso
2 colheres (sopa) de rum escuro
1 colher (chá) de açúcar

Para decorar
50 g de chocolate amargo (até 70% de cacau) picado
50 g de manteiga sem sal derretida

Preaqueça o forno a 200°C (forno de convecção a 180°C) e forre com papel-manteiga duas assadeiras de 20 cm x 30 cm e 1 cm de profundidade.

Bata as claras e o açúcar em neve firme. Em outra tigela, misture a farinha de amêndoa com o açúcar de confeiteiro, acrescente os ovos inteiros e bata na batedeira até que o preparo adquira um tom claro e dobre de volume. Peneire e incorpore a farinha. Adicione delicadamente as claras em neve, depois a manteiga. Divida a massa entre as duas assadeiras, inclinando-as para que se espalhe por igual. Asse por 7-10 minutos, até a superfície ficar levemente dourada e macia ao toque – atenção, pois o pão de ló assa depressa. Retire do forno e deixe esfriar.

Para o creme amanteigado de café, coloque o açúcar e a água em uma panela e cozinhe até ficar com consistência de calda grossa, quase caramelo. Adicione a baunilha assim que a calda engrossar e retire do fogo. Em uma tigela refratária, bata o ovo e a gema e, sem desligar a batedeira, junte a calda quente e continue batendo até homogeneizar. Deixe esfriar um pouco e incorpore a manteiga. Adicione o café e deixe esfriar completamente.

Para fazer a ganache, coloque o chocolate e a manteiga em uma tigela refratária e reserve. Em fogo baixo, aqueça bem o creme de leite e o leite, mas sem deixar ferver. Utilizando uma peneira, espalhe o creme bem quente sobre o chocolate reservado. Misture até derreter e obter um creme homogêneo. Espere alguns minutos até ficar com uma consistência boa para espalhar.

Usando a base de uma fôrma quadrada para bolo de 20 cm, corte um quadrado no pão de ló. Repita com o outro pão de ló, depois junte as sobras e forme um terceiro quadrado.

Para a montagem, ajeite o primeiro quadrado de pão de ló no fundo de uma fôrma quadrada de fundo removível de 20 cm e 8 cm de altura. Misture os ingredientes da calda de café e pincele a massa. Espalhe metade da ganache e sobreponha o segundo quadrado feito com as sobras. Pincele novamente a calda e espalhe o creme de café. Cubra com o último quadrado de massa, pincele a calda e espalhe a ganache restante. Leve à geladeira por 30 minutos.

Para decorar, derreta o chocolate em banho-maria, em fogo baixo. Acrescente a manteiga, misture, despeje num pequeno saco de confeitar e faça um furinho na ponta. Com o saco de confeitar, escreva "Opéra" e espere firmar. Enfeite com folhas de ouro comestível para dar um toque de luxo. Retire o bolo da fôrma com a ajuda de um maçarico ou coloque-o por alguns segundos sobre uma superfície aquecida no fogo.

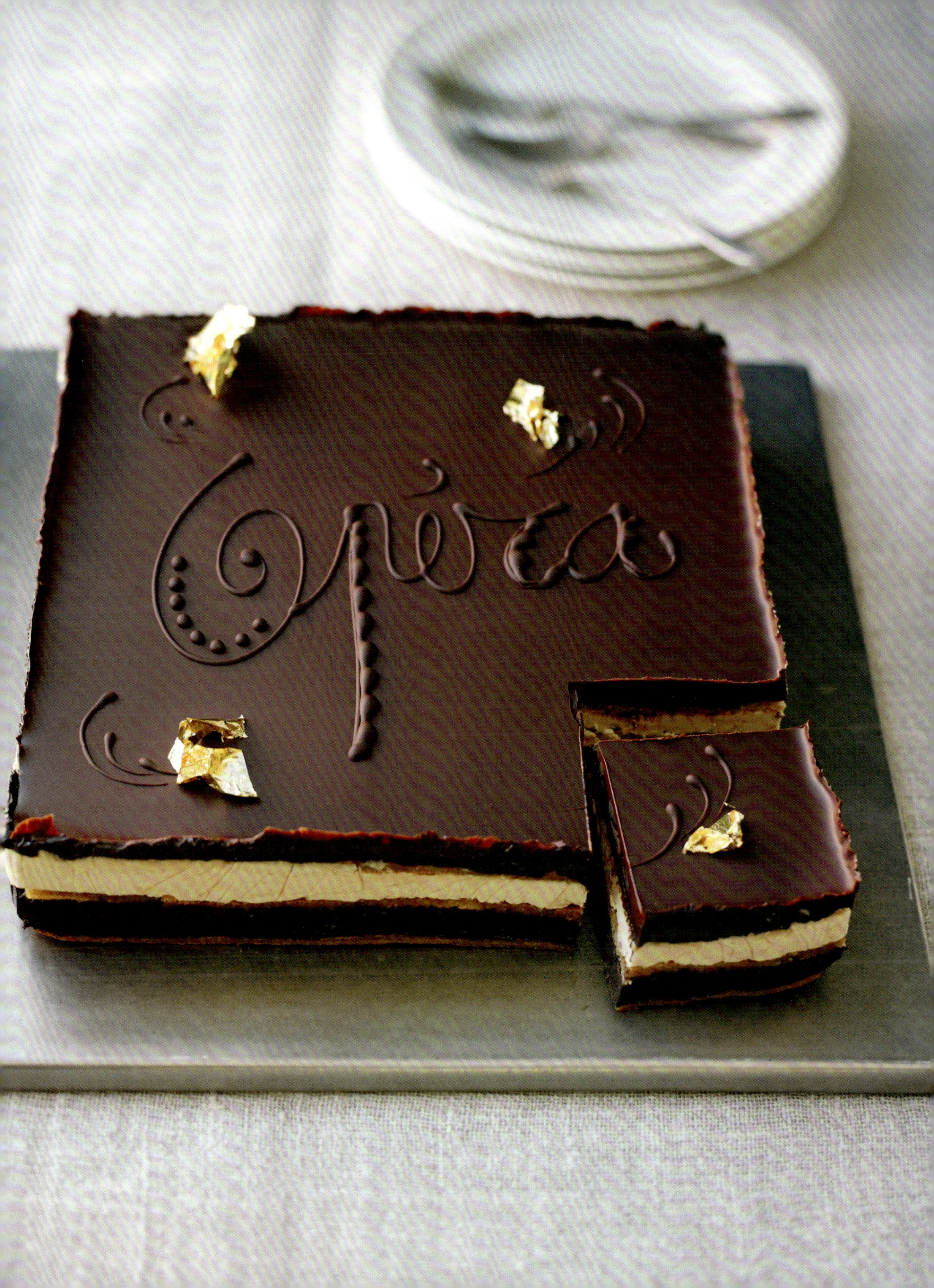
Opéra

Suflê quente de chocolate amargo

Amo suflê. Essa é uma receita simples, de poucos ingredientes, mas agrada a todos e sempre faz sucesso. Uma versão com chocolate amargo magnífica, ainda mais se for servida com um bom sorvete de baunilha.

Rendimento: 6 porções
Preparo: 20 minutos
Tempo de forno: 15 minutos

manteiga sem sal, para untar

125 g de chocolate amargo (até 70% de cacau) picado grosseiramente

2 colheres (chá) de rum escuro (opcional)

2 colheres (sopa) de creme de leite fresco espesso (veja dica na p. 66)

4 ovos, gemas e claras separadas, mais 2 claras

uma pitada de sal

açúcar de confeiteiro, para polvilhar

Preaqueça o forno a 200°C (forno de convecção a 180°C). Unte seis ramequins de louça.

Derreta o chocolate em banho-maria em fogo baixo. Incorpore o rum, se for usar. Retire do fogo e acrescente o creme de leite e depois as gemas.

Em uma tigela limpa e seca, bata as claras em neve com o sal. Incorpore uma quarta parte das claras em neve no preparo de chocolate e depois, muito delicadamente, o restante das claras.

Preencha os ramequins até a borda e limpe eventuais respingos. Coloque em uma assadeira e asse por 10-12 minutos, ou até que os suflês tenham crescido. Polvilhe açúcar de confeiteiro e sirva imediatamente.

Dica

Para dar um toque especial à sobremesa, sirva os suflês com bolas de sorvete: molde seis bolas de sorvete de baunilha e coloque sobre um prato no freezer e mantenha-as ali até a hora de servir, colocando uma bola sobre cada suflê.

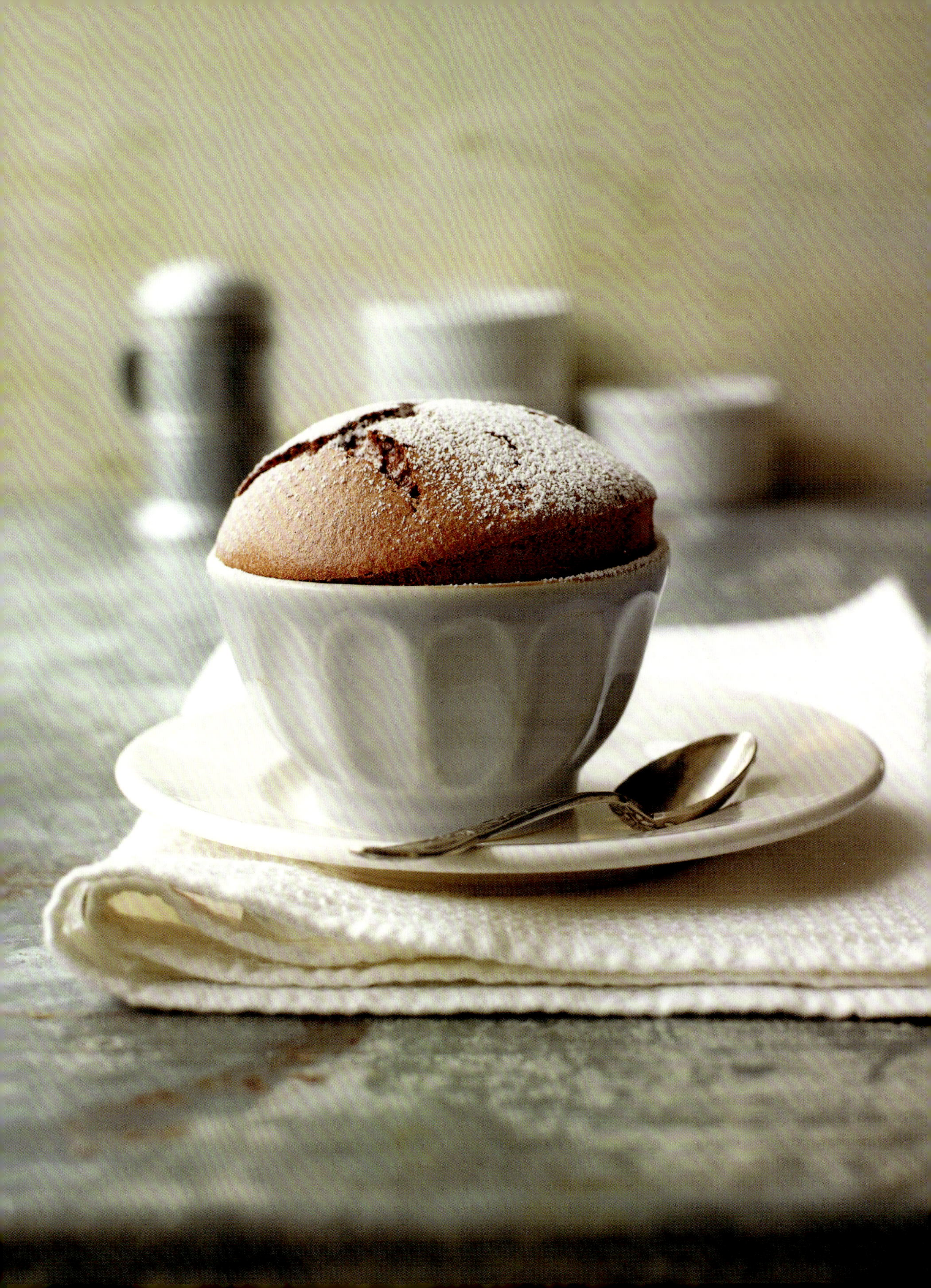

Tarte tatin de chocolate e banana

Essa torta é uma tentação, com seu sabor pronunciado de chocolate, bananas e caramelo e uma massa deliciosa que simplesmente derrete na boca.

Rendimento: 6 porções
Preparo: 15 minutos
Tempo de forno: 30-35 minutos

350 g de massa folhada pronta
farinha de trigo, para enfarinhar
100 g de açúcar mascavo claro
50 g de manteiga sem sal, mais um pouco para untar
75 g de chocolate amargo (até 70% de cacau) picado finamente
2 paus de canela
5 bananas firmes, cortadas em pedaços grandes

Preaqueça o forno a 200°C (forno de convecção a 180°C). Unte uma fôrma de 22 cm de diâmetro. Abra a massa sobre uma superfície enfarinhada em um disco um pouco maior que o diâmetro da fôrma. Reserve.

Coloque o açúcar e a manteiga na fôrma e leve ao fogo médio mexendo com cuidado até obter um caramelo dourado-escuro. Retire do fogo e acrescente o chocolate, misturando até derreter. Coloque os paus de canela no centro da fôrma.

Arrume os pedaços de banana na fôrma sem deixar espaço entre eles. Coloque a massa sobre o recheio, inserindo a borda entre a fruta e a lateral da fôrma. Com uma faca pequena, faça alguns furos na superfície da massa para deixar o vapor escapar.

Asse por 25-30 minutos, ou até que a massa tenha crescido e fique com uma bonita cor dourada. Vire a torta imediatamente no prato de servir para a massa ficar por baixo. Sirva com creme de leite fresco batido ou sorvete.

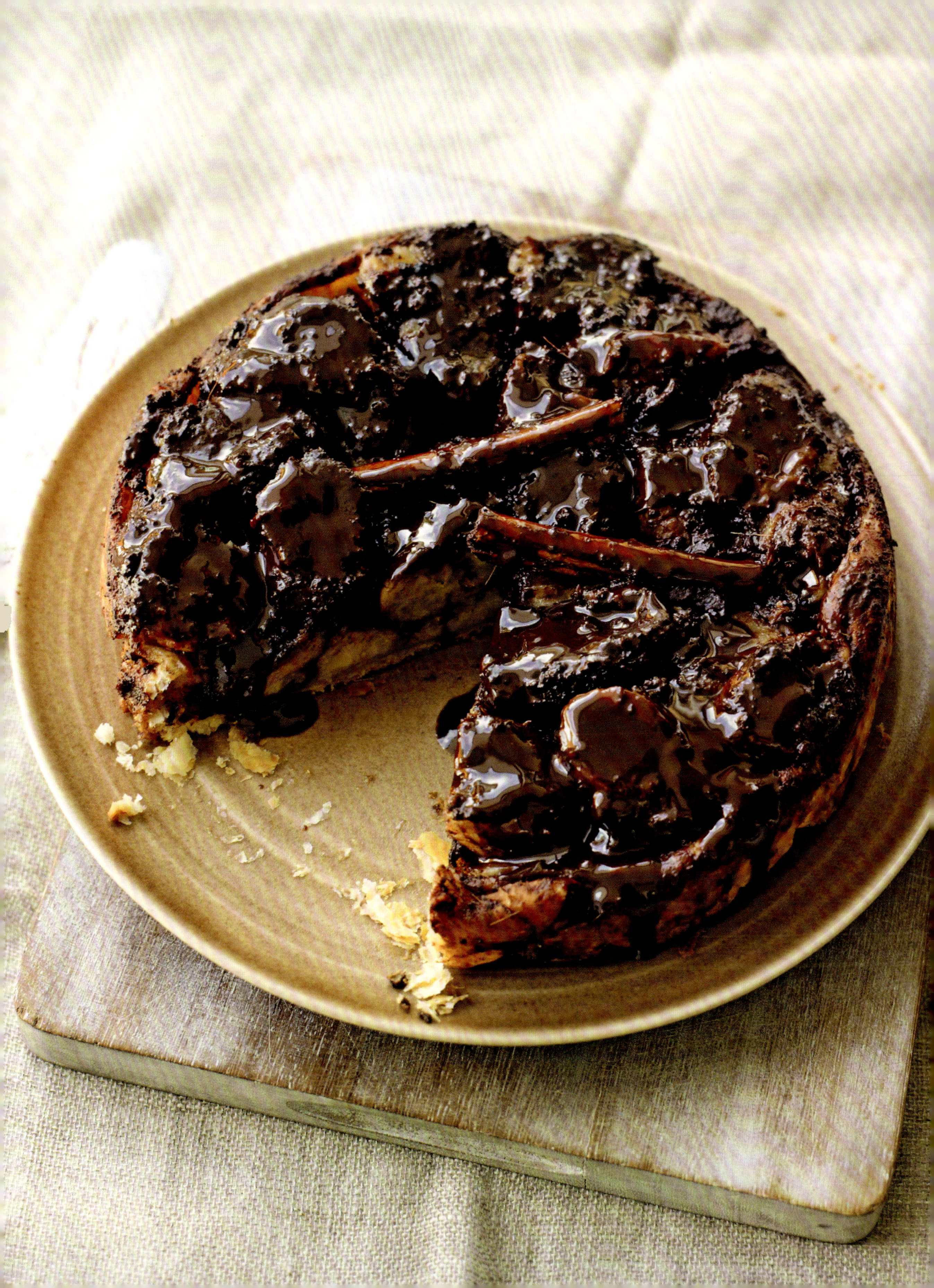

Arlequim

Essa receita é uma delicada combinação de chocolate amargo e branco com uísque e coco. Uma sobremesa maravilhosa, que dá certo trabalho mas vale a pena.

Rendimento: 8 porções
Preparo: 1 hora, mais o tempo para esfriar e refrigerar por uma noite
Tempo de forno: 40-45 minutos

manteiga, para untar
4 ovos
125 g de açúcar
25 g de farinha de trigo
25 g de cacau em pó
4 colheres (sopa) de coco ralado queimado
açúcar de confeiteiro, para polvilhar

Para o creme de chocolate branco

50 g de chocolate branco picado grosseiramente
125 g de manteiga sem sal em temperatura ambiente
250 g de açúcar de confeiteiro
1 colher (sopa) de leite

Para o creme de chocolate amargo

150 g de chocolate amargo (até 70% de cacau) picado grosseiramente
300 ml de creme de leite fresco

Para a calda de uísque

50 g de açúcar
50 ml de água
1 colher (sopa) de uísque

Preaqueça o forno a 180°C (forno de convecção a 160°C). Unte levemente duas fôrmas redondas de 20 cm de diâmetro e forre com papel-manteiga.

Para o pão de ló, separe 2 dos ovos e coloque as gemas e 2 ovos inteiros em uma tigela refratária com 100 g de açúcar. Coloque a tigela sobre uma panela pequena com água a ponto de fervura e misture com um fouet até o preparo chegar à temperatura de 40°C no termômetro para açúcar. Transfira para a batedeira e continue batendo até dobrar de volume. Peneire a farinha com o cacau em pó e incorpore delicadamente ao preparo.

Em uma tigela limpa e seca, bata as claras em neve com o restante de açúcar e incorpore à massa de pão de ló. Despeje nas fôrmas e asse por 20-25 minutos, ou até que, inserindo um palito no centro do bolo, ele saia limpo. Retire do forno e deixe esfriar.

Para o creme de chocolate branco, derreta o chocolate em banho-maria em fogo baixo e deixe esfriar. Bata a manteiga com metade do açúcar de confeiteiro até homogeneizar, então vá acrescentando o restante do açúcar aos poucos, batendo sempre, até ficar bem cremoso. Incorpore o chocolate branco derretido já frio e o leite e bata por 2 minutos. Reserve.

Para o creme de chocolate amargo, derreta como acima. Enquanto isso, bata o creme de leite em chantili firme, então acrescente uma terça parte ao chocolate derretido, ainda quente. Devagar, incorpore o restante do chantili.

Para a calda de uísque, aqueça o açúcar e a água em uma panela até o açúcar dissolver e ferva por 4 minutos. Deixe esfriar e junte o uísque.

Para montar, fatie os bolos horizontalmente em discos de 5 mm. Você só vai precisar de três discos (guarde as sobras para outra receita). Coloque um disco na base de uma fôrma redonda de fundo removível de 22 cm de diâmetro. Regue com uma terça parte da calda de uísque e polvilhe um pouco do coco. Espalhe metade do creme de chocolate amargo. Coloque o segundo disco de pão de ló, regue com mais uma parte da calda e polvilhe coco. Espalhe o creme de chocolate branco, cubra com o terceiro disco, regue com a calda e polvilhe mais coco. Despeje o restante de creme de chocolate amargo, alise com uma espátula e polvilhe coco na superfície. Deixe descansar na geladeira por uma noite.

Uma hora antes de servir, retire o bolo da geladeira e remova com cuidado o aro da fôrma com o calor de um maçarico ou coloque sobre uma superfície aquecida por alguns segundos. Polvilhe açúcar de confeiteiro antes de servir.

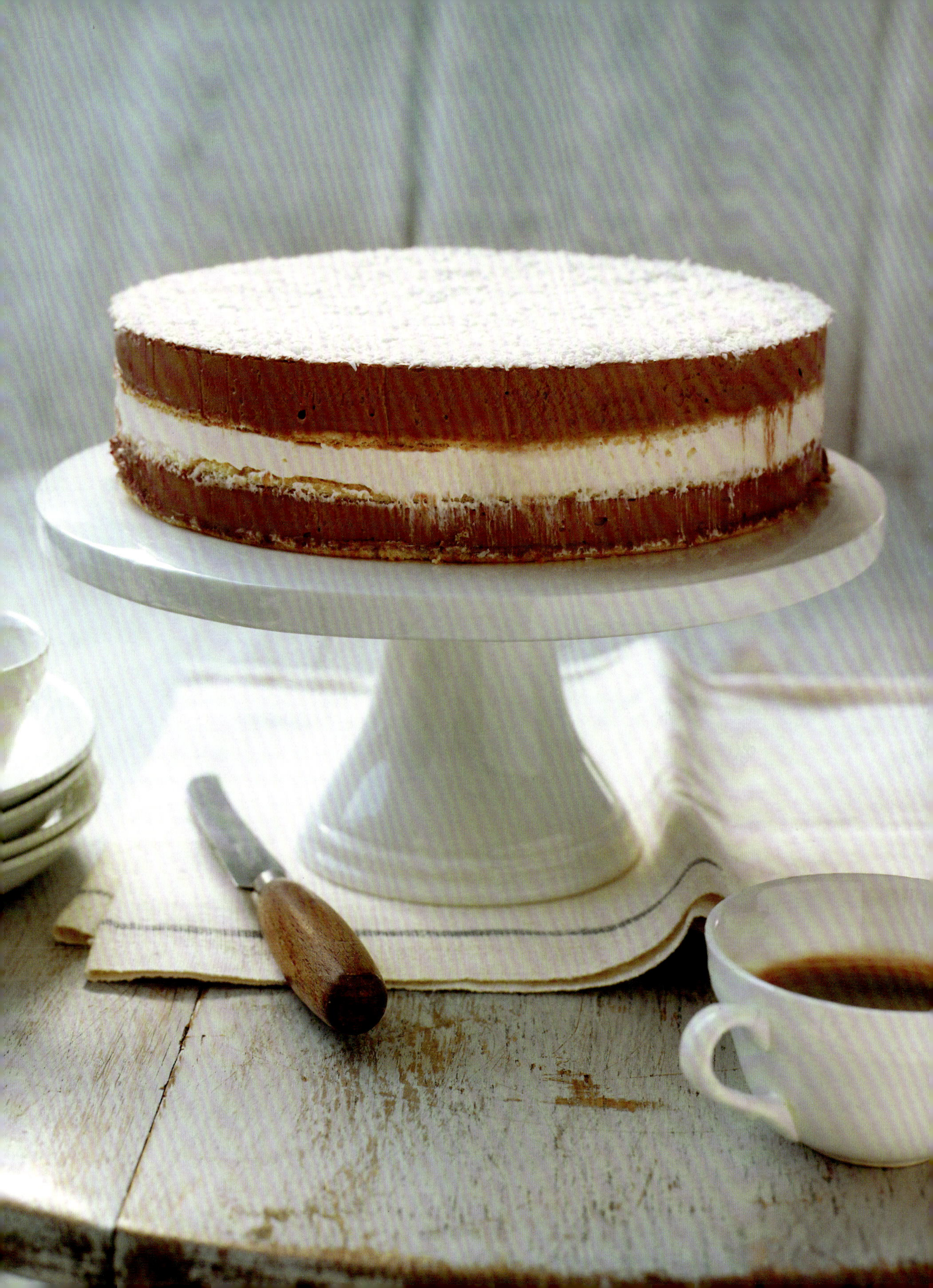

Brownie com suspiro de chocolate

Essa receita é incrível! O contraste de textura das duas camadas – uma macia e outra crocante e viscosa por dentro – torna esse brownie insuperável.

Rendimento: 8 porções
Preparo: 25 minutos
Tempo de forno: 1h10

Para o brownie

250 g de manteiga sem sal, mais um pouco para untar

350 g de chocolate amargo (até 70% de cacau) picado grosseiramente

300 g de açúcar mascavo claro

5 ovos grandes, gemas e claras separadas

Para o suspiro de chocolate

4 claras

225 g de açúcar

2 colheres (chá) de extrato de baunilha

1 colher (chá) de maisena

50 g de cacau em pó

Preaqueça o forno a 180°C (forno de convecção a 160°C). Unte uma fôrma de fundo removível de 22 cm de diâmetro e forre com papel-manteiga, deixando o papel ultrapassar 5 cm acima da borda da fôrma.

Para o brownie, derreta a manteiga e o chocolate em banho-maria em fogo baixo. Acrescente o açúcar, misturando até dissolver completamente. Retire do fogo e adicione as gemas.

Em uma tigela limpa e seca, bata as claras em neve. Adicione 2 colheres (sopa) de claras em neve no chocolate derretido e então incorpore o restante das claras em neve com uma espátula de silicone. Despeje o preparo na fôrma e asse por 40 minutos.

Enquanto isso, faça o suspiro. Em uma tigela limpa e seca, bata as claras em neve, acrescentando o açúcar aos poucos. Adicione a baunilha. Peneire a maisena com o cacau sobre as claras em neve e misture até ficar homogêneo e brilhante.

Retire o brownie do forno e cubra a superfície com o suspiro. Leve-o de volta ao forno por mais 25 minutos, ou até o suspiro crescer e formar uma crosta com o centro ainda um pouco mole. Deixe esfriar na fôrma. O centro deve baixar um pouco. Sirva quente com creme de leite fresco batido ou sorvete de baunilha.

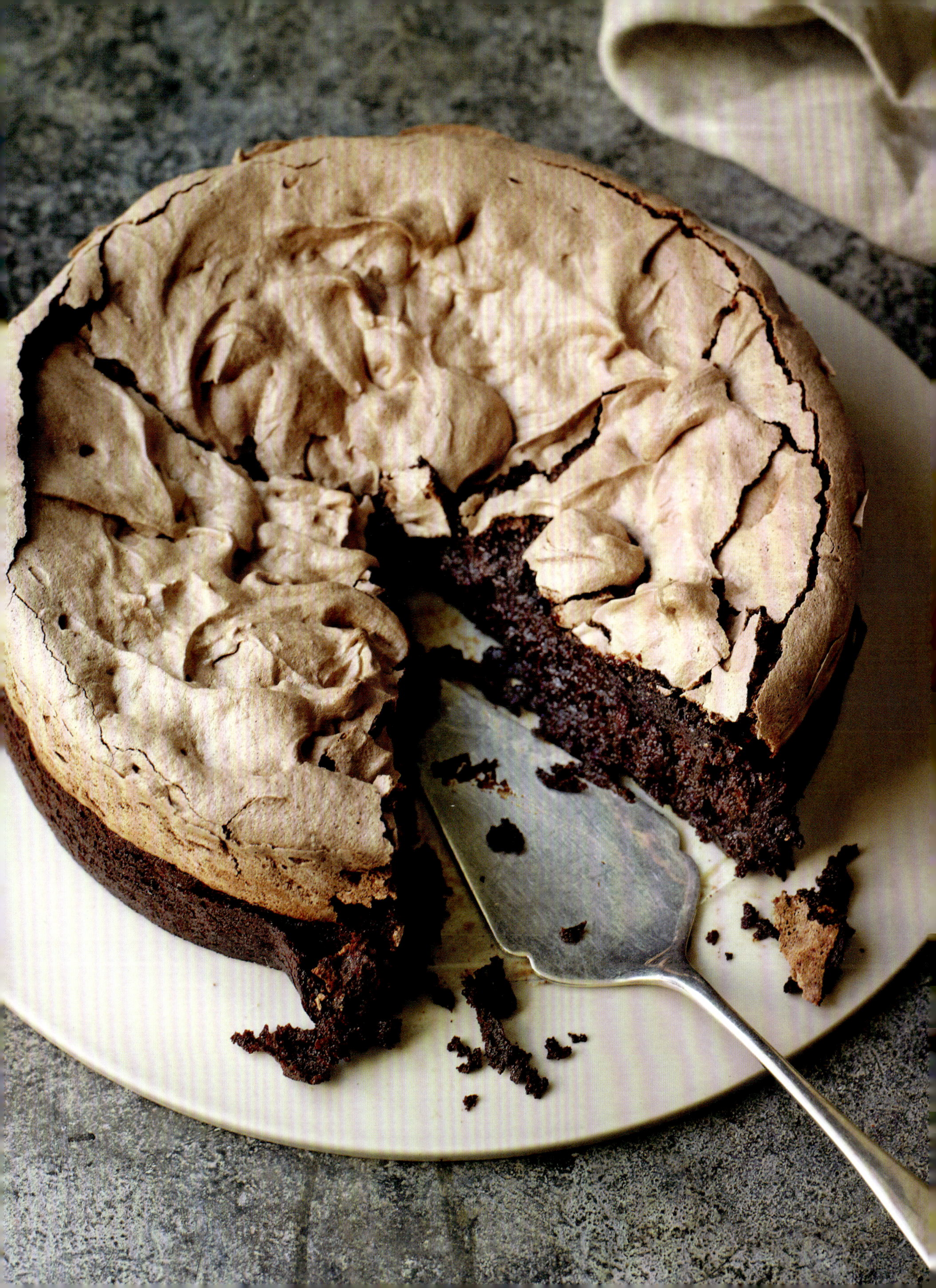

Tortinha trufada de chocolate e castanha-portuguesa

Uma das regiões de que mais gosto na França é a Lozère, área montanhosa do sudeste, de grande legado culinário. Lá, as castanhas-portuguesas, muito comuns, são usadas em pratos salgados e doces, ou ainda para fazer farinha, que não contém glúten. O sabor delas combina maravilhosamente com o chocolate.

Rendimento: 6 porções
Preparo: 15 minutos
Tempo de forno: 25 minutos

125 g de chocolate amargo (até 70% de cacau) picado grosseiramente

125 g de manteiga sem sal, mais um pouco para untar

300 g de purê de castanha-portuguesa

1 colher (chá) de extrato de baunilha

2 colheres (sopa) de farinha de castanha (ou farinha de amêndoa)

4 ovos, gemas e claras separadas

marrom-glacê picado, para decorar

mel, para regar

Preaqueça o forno a 180°C (forno de convecção a 160°C). Unte seis fôrmas individuais de fundo removível de 10 cm de diâmetro e forre com papel-manteiga.

Com cuidado, derreta o chocolate com a manteiga em banho-maria, em fogo baixo. Retire do fogo e misture o purê de castanha e a baunilha. Adicione a farinha e incorpore as gemas, uma a uma. Em uma tigela limpa e seca, batas as claras em neve e incorpore ao creme de castanha.

Divida o preparo entre as fôrmas, preenchendo-as até três quartos da altura. Asse por 18-20 minutos, ou até que, inserindo um palito no centro dos bolinhos, ele saia limpo. Deixe esfriar nas fôrmas por 5 minutos, então remova os aros e transfira para pratos de servir. Sirva-os quentes, cobertos com pedacinhos de marrom-glacê e regados com mel.

Dica

O purê de castanhas (crème de marrons) pode ser encontrado em lojas de produtos importados.

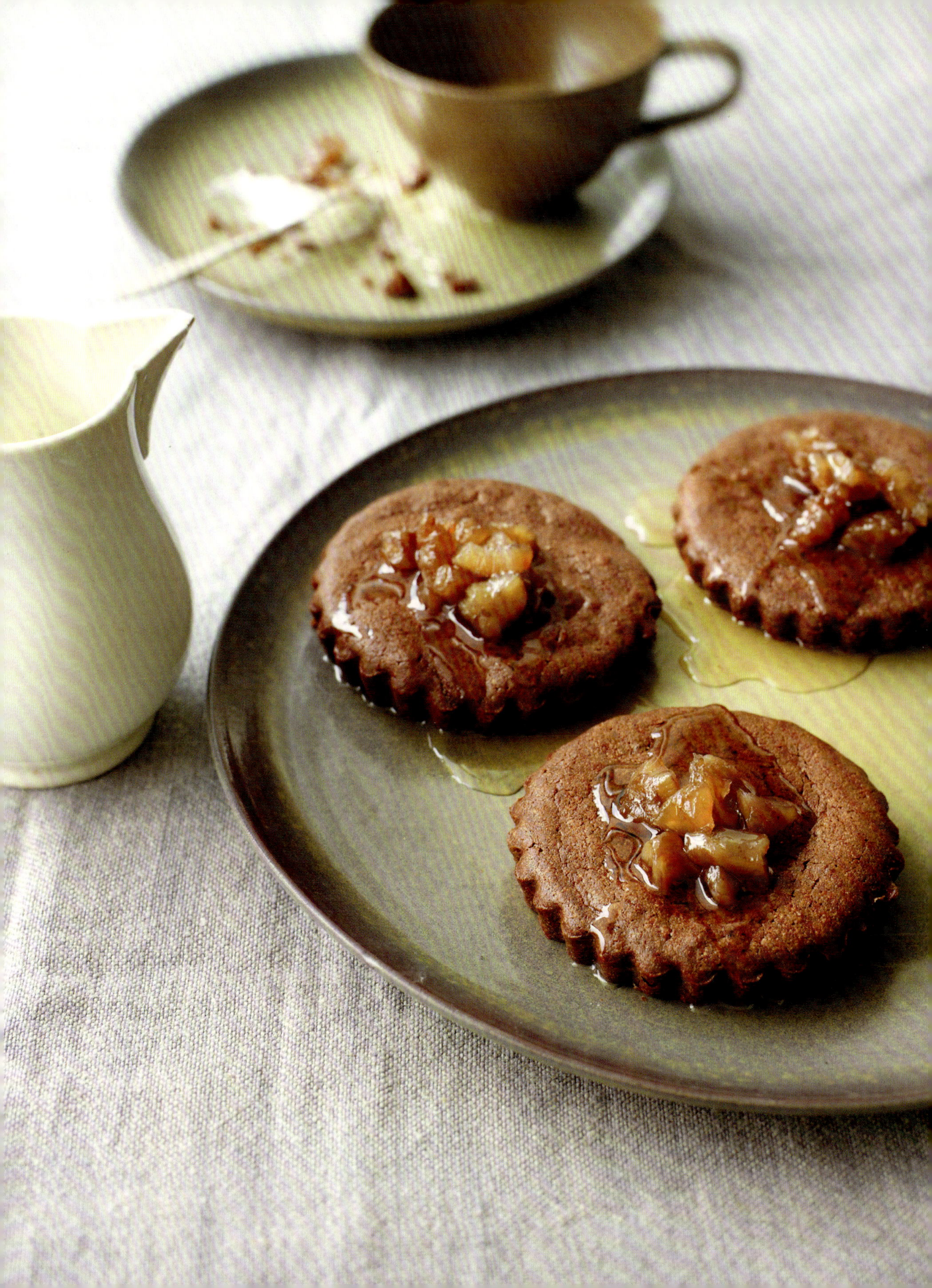

Omelete-suflê de chocolate

Não muito longe de onde cresci, existe um restaurante, no monte Saint-Michel, famoso por suas omeletes-suflês doces. Essa é a minha versão da receita secreta de madame Poulard.

Rendimento: 1 porção
Preparo: 10 minutos
Tempo de cozimento e forno: 10 minutos

200 g de frutas vermelhas frescas

2 colheres (chá) de geleia de frutas vermelhas

25 g de chocolate amargo (até 70% de cacau) picado grosseiramente

1 gema

1½ colher (sopa) de açúcar, mais 2 colheres (chá)

1 colher (chá) de extrato de baunilha

2 claras

10 g de manteiga sem sal

açúcar de confeiteiro, para polvilhar

Coloque as frutas e a geleia em uma panela e cozinhe em fogo médio por 1 minuto, ou até que as frutas comecem a inchar. Retire do fogo e reserve.

Derreta o chocolate em banho-maria, em fogo baixo. Em uma tigela, misture a gema, as 2 colheres (chá) de açúcar e a baunilha. Acrescente o chocolate.

Em uma tigela limpa e seca, bata as claras em neve, adicionando aos poucos o restante do açúcar. Incorpore uma quarta parte das claras em neve ao chocolate para amolecer um pouco e então acrescente o restante.

Derreta a manteiga em uma pequena frigideira refratária e antiaderente de 16 cm de diâmetro em fogo médio. Enquanto isso, preaqueça o forno na temperatura de média para alta. Despeje o preparo na frigideira, nivele e cozinhe por 2-3 minutos; coloque então a frigideira no forno por 1 minuto, ou até firmar, tomando cuidado para não queimar.

Espalhe a geleia com as frutas vermelhas sobre metade da omelete. Dobre-a sobre o recheio e polvilhe açúcar de confeiteiro. Sirva imediatamente.

Dica

Utilize sempre as claras em temperatura ambiente, assim elas crescem mais.

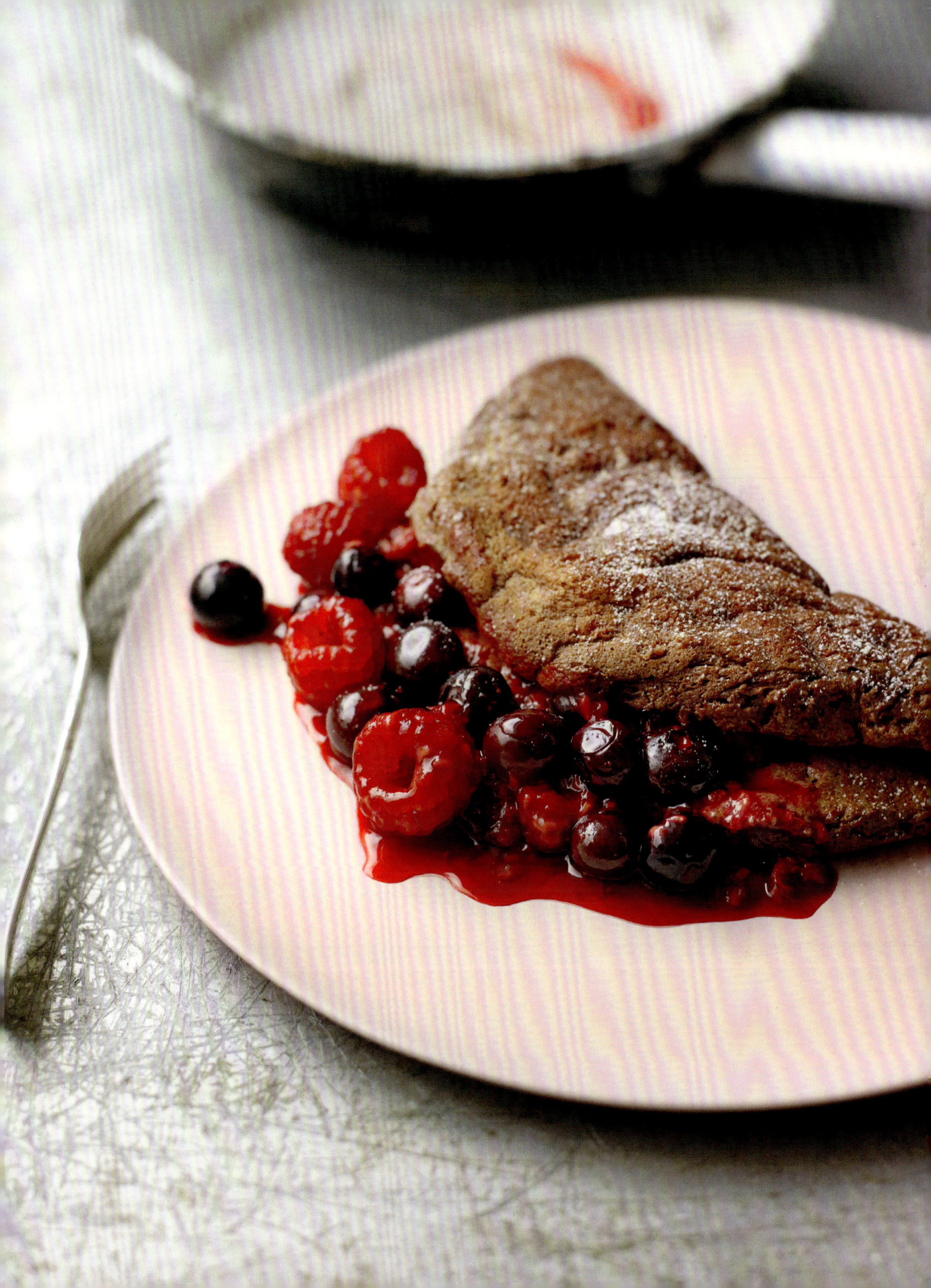

Cheesecake de chocolate branco e maracujá

Adoro cheesecake. Essa receita é leve, com um toque exótico do cítrico que combina com a doçura do chocolate branco – perfeito para o verão!

Rendimento: 6 porções
Preparo: 30 minutos, mais o tempo para esfriar e refrigerar por uma noite
Tempo de forno: 1h05-1h15

100 g de biscoito maisena triturado

50 g de manteiga sem sal derretida, mais um pouco para untar

125 g de chocolate branco picado

125 ml de creme de leite fresco

225 g de cream cheese amolecido

225 g de mascarpone

4 colheres (sopa) de açúcar

2 colheres (chá) de extrato de baunilha

4 ovos, gemas e claras separadas

125 ml de polpa de maracujá sem sementes

maracujá, para decorar

Preaqueça o forno a 180°C (forno de convecção a 160°C). Unte uma fôrma de fundo removível de 20 cm de diâmetro.

Coloque os biscoitos triturados e a manteiga em uma tigela e misture bem. Espalhe o preparo pelo fundo da fôrma e aperte com o dorso de uma colher. Asse por 10 minutos, ou até dourar. Deixe esfriar. Reduza a temperatura a 150°C (forno de convecção a 130°C).

Coloque o chocolate em uma tigela refratária. Em uma panela pequena, aqueça bem o creme, sem deixar ferver. Despeje o creme sobre o chocolate e misture até homogeneizar. Reserve.

Em outra tigela, bata juntos o cream cheese e o mascarpone até homogeneizar. Acrescente o açúcar, a baunilha e as gemas. Incorpore o creme de chocolate branco e a polpa de maracujá.

Em uma tigela limpa e seca, bata 2 claras em neve (guarde as 2 claras restantes para utilizar em outra receita). Incorpore uma parte das claras em neve no preparo e bata vigorosamente, então incorpore delicadamente o restante das claras em neve até homogeneizar.

Despeje o preparo na base assada já fria e asse por 50-60 minutos, ou até firmar, mas ficar com o centro ainda cremoso. Desligue e deixe o cheesecake esfriar no forno por 2 horas, com a porta entreaberta. Deixe na geladeira por uma noite.

Retire da fôrma e decore com quartos de maracujá fresco.

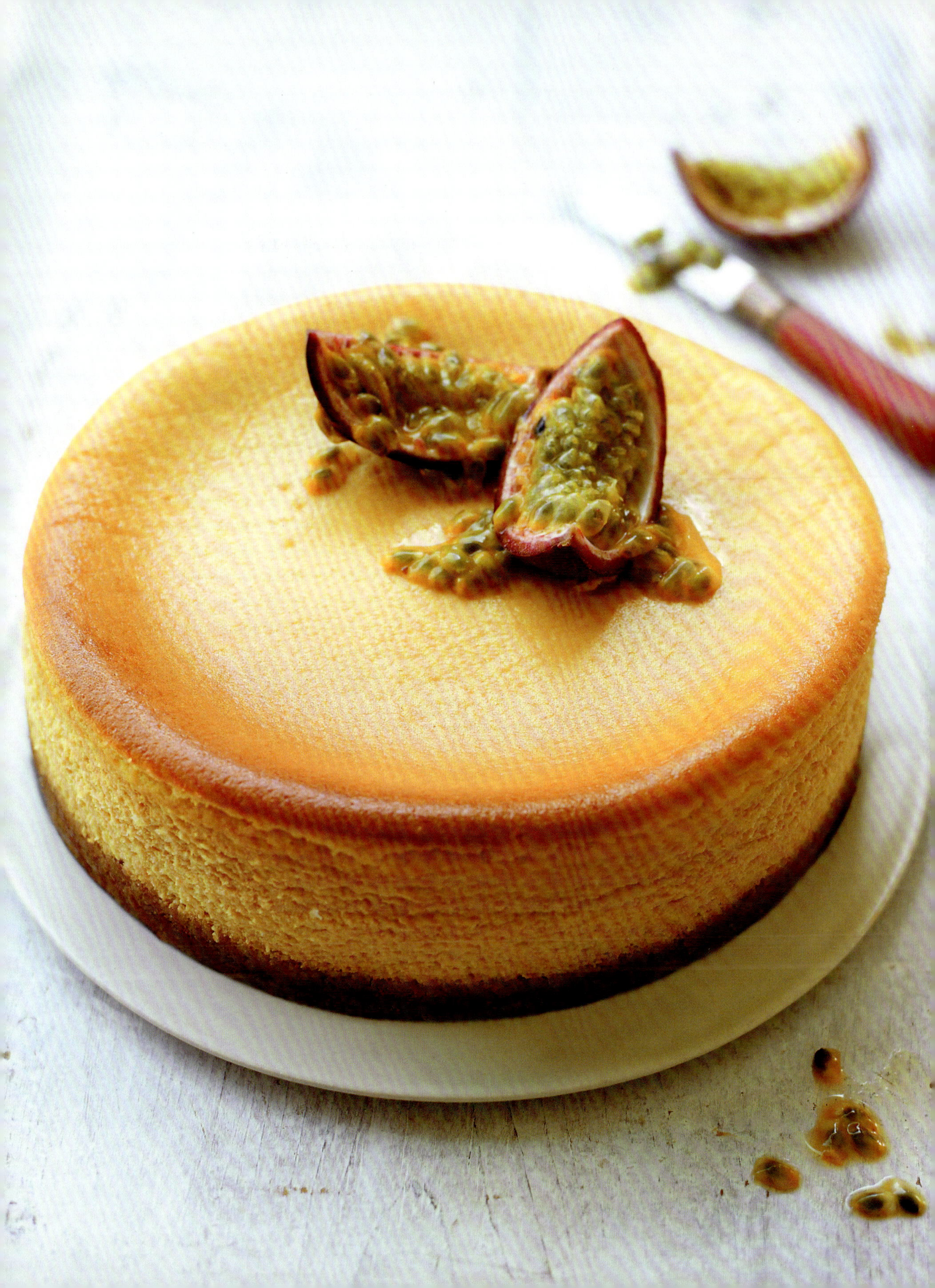

Cheesecake de chocolate e café

Sou o maior fã de cheesecake assado. Nessa receita, o gosto do chocolate fica mais evidenciado do que o do café.

Rendimento: 6-8 porções
Preparo: 30 minutos, mais o tempo para esfriar e refrigerar
Tempo de forno: 1h35

175 g de cookie de chocolate triturado

50 g de manteiga sem sal derretida, mais um pouco para untar

250 g de cream cheese

250 g de mascarpone

100 g de açúcar

150 ml de creme de leite fresco

1 colher (chá) de extrato de baunilha

1 colher (sopa) de farinha de trigo

2 ovos, mais 1 gema

1 colher (chá) de café instantâneo

2 colheres (chá) de água quente

2 colheres (chá) de essência de café

cacau em pó, para polvilhar

Para a cobertura de chocolate

15 g de manteiga sem sal

1 colher (sopa) de creme de leite espesso (veja dica na p. 66)

50 g de açúcar mascavo claro

150 g de chocolate amargo (até 70% de cacau) picado finamente

1 colher (chá) de essência de café

Preaqueça o forno a 150°C (forno de convecção a 130°C). Unte uma fôrma redonda com fundo removível de 22 cm de diâmetro.

Coloque os biscoitos triturados e a manteiga em uma tigela e misture bem. Espalhe o preparo no fundo da fôrma e aperte com o dorso de uma colher. Deixe na geladeira por 15 minutos, até firmar.

Coloque o cream cheese, o mascarpone, o açúcar, o creme de leite, a baunilha e a farinha em uma tigela grande e bata até obter um creme homogêneo. Incorpore os ovos e a gema. Dissolva o café instantâneo na água quente, acrescente ao creme e junte a essência de café.

Despeje sobre a base resfriada e asse por 1h30, ou até firmar, mas com o centro ainda um pouco cremoso. Desligue e deixe o cheesecake esfriar no próprio forno por 2 horas, com a porta entreaberta. Coloque na geladeira.

Para a cobertura de chocolate, coloque a manteiga, o creme de leite espesso e o açúcar em uma panela pequena e aqueça em fogo baixo até derreter. Acrescente o chocolate e a essência de café e aqueça devagar por mais 2 minutos, mexendo sem parar. Retire do fogo e misture bem. Deixe esfriar por alguns minutos antes de despejar sobre o cheesecake. Leve novamente à geladeira até firmar.

Desenforme e polvilhe bastante cacau em pó. Sirva com creme de baunilha.

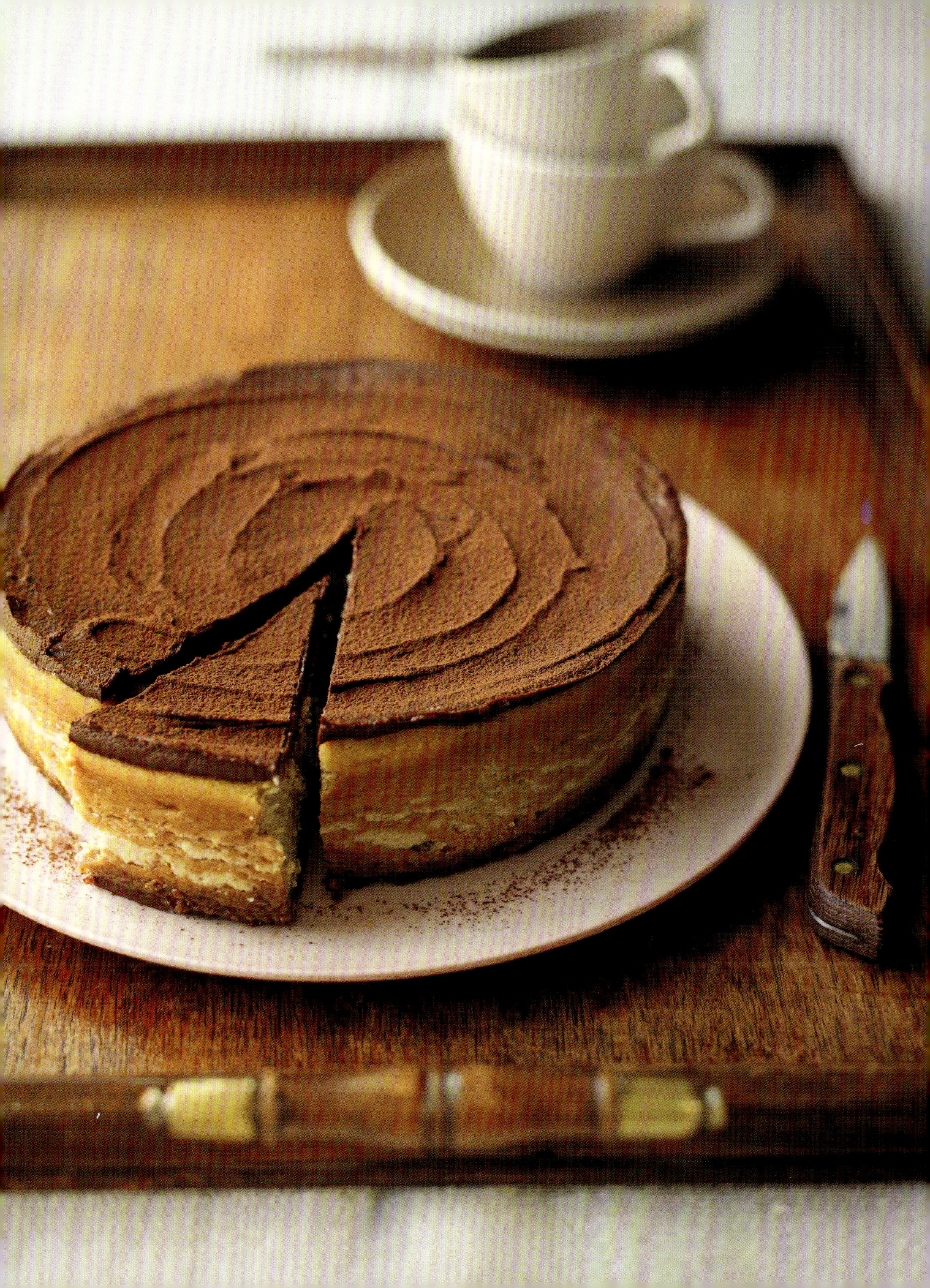

O autêntico bolo Floresta Negra

Esse bolo ficou com fama de kitsch, mas, quando bem-feito, é delicioso e leve, além de sempre trazer à lembrança gostosos momentos da nossa vida.

Rendimento: 10 porções
Preparo: 45 minutos, mais o tempo para esfriar
Tempo de forno: 30-35 minutos

6 ovos

1 colher (chá) de extrato de baunilha

250 g de açúcar

50 g de cacau em pó

100 g de farinha de trigo

150 g de manteiga sem sal derretida e resfriada, mais um pouco para untar

150 g de chocolate amargo (até 70% de cacau) em barra

3 colheres (sopa) de geleia de framboesa

40 cerejas frescas sem caroço (ou cerejas em calda escorridas)

açúcar de confeiteiro, para polvilhar

Para a calda

200 ml de água

175 g de açúcar

2 colheres (sopa) de kirsch

Para o creme de kirsch

750 ml de creme de leite fresco

75 g de açúcar

2 colheres (chá) de extrato de baunilha

3 colheres (sopa) de kirsch

Para o pão de ló, preaqueça o forno a 180°C (forno de convecção a 160°C). Unte três fôrmas redondas de 22 cm de diâmetro e forre as bases com papel-manteiga.

Bata os ovos, a baunilha e o açúcar até obter um creme espesso, que fique "desenhado" ou "marcado" pelos garfos da batedeira. Peneire a farinha com o cacau e adicione a manteiga.

Divida essa massa entre as fôrmas e asse por 20-25 minutos, ou até ficar macia ao toque. Espere esfriar por 5 minutos, desenforme e deixe esfriar totalmente.

Enquanto isso, raspe a superfície da barra de chocolate com o descascador de legumes ou uma faca de lâmina larga e bem afiada. Reserve as lascas de chocolate na geladeira.

Para a calda, coloque a água e o açúcar em uma panela e leve para ferver por 5 minutos. Deixe esfriar e acrescente o kirsch.

Para o creme de kirsch, bata o creme de leite e o açúcar em chantili firme e incorpore a baunilha e o kirsch.

Para montar, nivele a superfície dos pães de ló, se for necessário, usando uma faca afiada. Coloque um pouco de creme de kirsch no prato de servir e assente um dos bolos por cima. Pincele com um pouco de calda e espalhe a geleia. Sobreponha o segundo bolo e pincele mais calda. Espalhe uma camada espessa de creme de kirsch, de 1 cm de altura. Cubra com as cerejas, reservando oito para enfeitar. Espalhe um pouco mais de creme para firmar as cerejas e cubra com o último pão de ló com a superfície plana virada para cima. Pincele o restante da calda.

Coloque 5 colheres (sopa) de creme de kirsch em um saco de confeitar com bico largo e reserve. Com uma espátula de metal espalhe sobre a tampa e as laterais do bolo o restante do creme. Com a palma da mão, cole delicadamente as lascas de chocolate por toda a lateral do bolo. Com o saco de confeitar cubra a borda do bolo e modele oito espirais de creme no centro, colocando sobre cada espiral uma das cerejas reservadas. Sirva o bolo polvilhado com açúcar de confeiteiro.

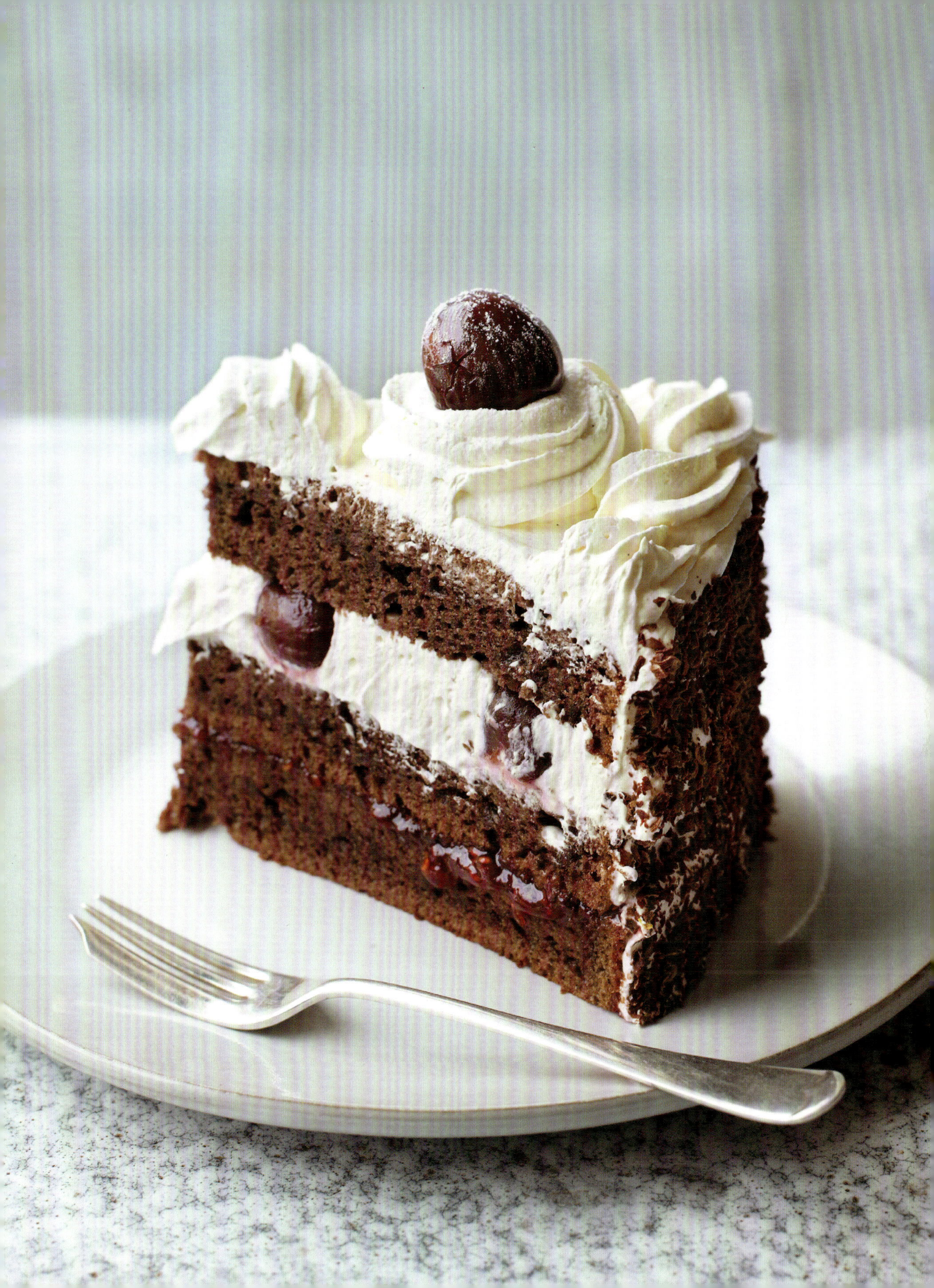

Frutas vermelhas em calda de chocolate branco

Inspirei-me numa festa de aniversário a que fui convidado no restaurante Ivy, em Londres, e criei essa delícia, perfeita para sobremesas de última hora.

Rendimento: 6 porções
Preparo: 10 minutos, mais o tempo para refrigerar
Tempo de cozimento: 5 minutos

500 g de frutas vermelhas congeladas

150 ml de creme de leite fresco

150 g de chocolate branco picado grosseiramente

1 colher (chá) de extrato de baunilha

2 colheres (sopa) de rum claro (opcional)

Deixe as frutas congeladas na geladeira por 1 hora antes de servir para que amaciem um pouco, mas ainda permaneçam congeladas.

Para a calda, coloque o creme de leite, o chocolate e a baunilha em uma panela e aqueça devagar, mexendo até o chocolate derreter. Deixe esfriar 2 minutos e incorpore o rum (opcional).

Divida as frutas entre seis tigelas e regue com a calda quente. Sirva imediatamente, antes que as frutas descongelem totalmente.

Dica

Use frutas vermelhas variadas (framboesa, amora, morango) para essa deliciosa sobremesa de verão.

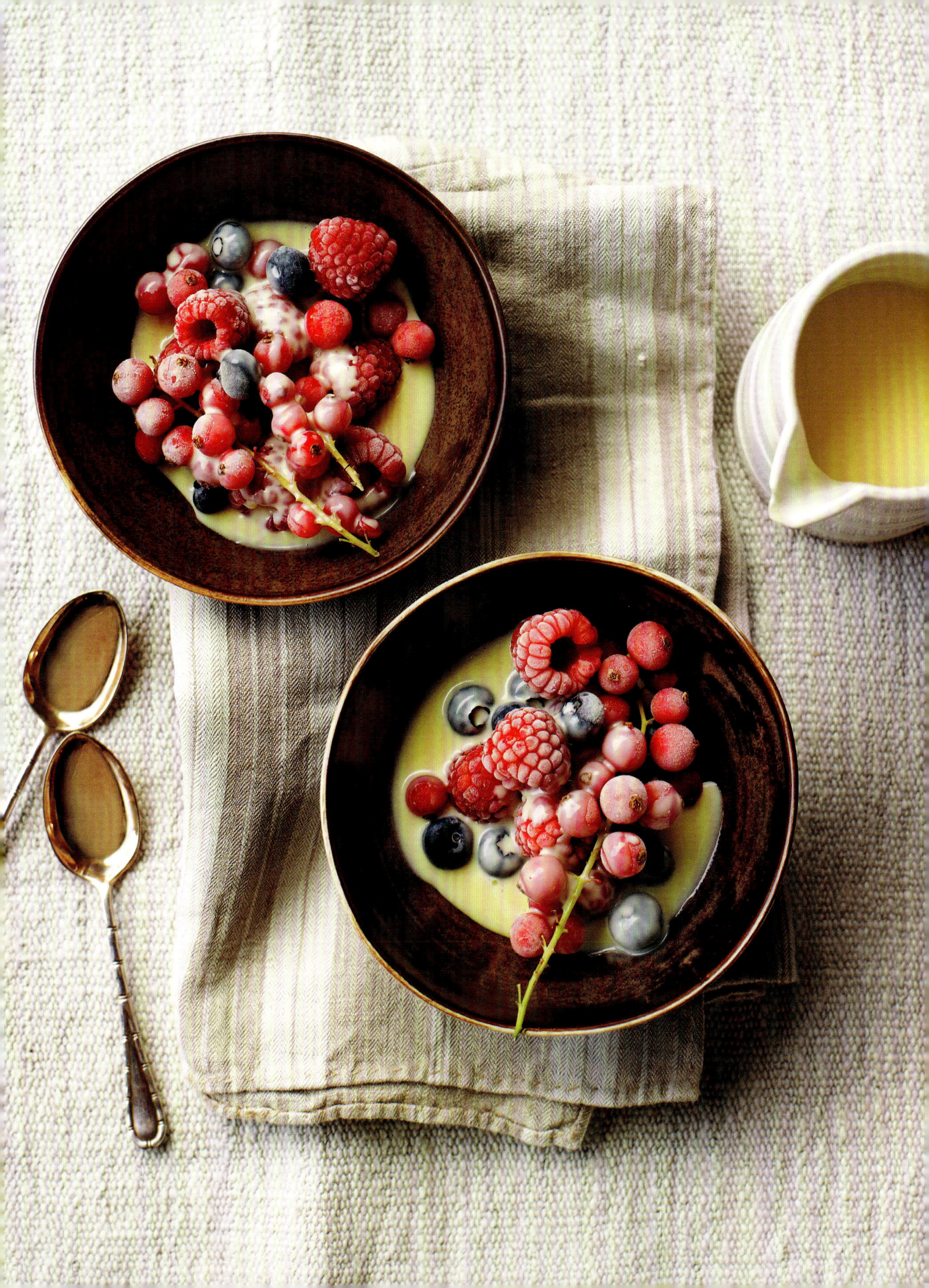

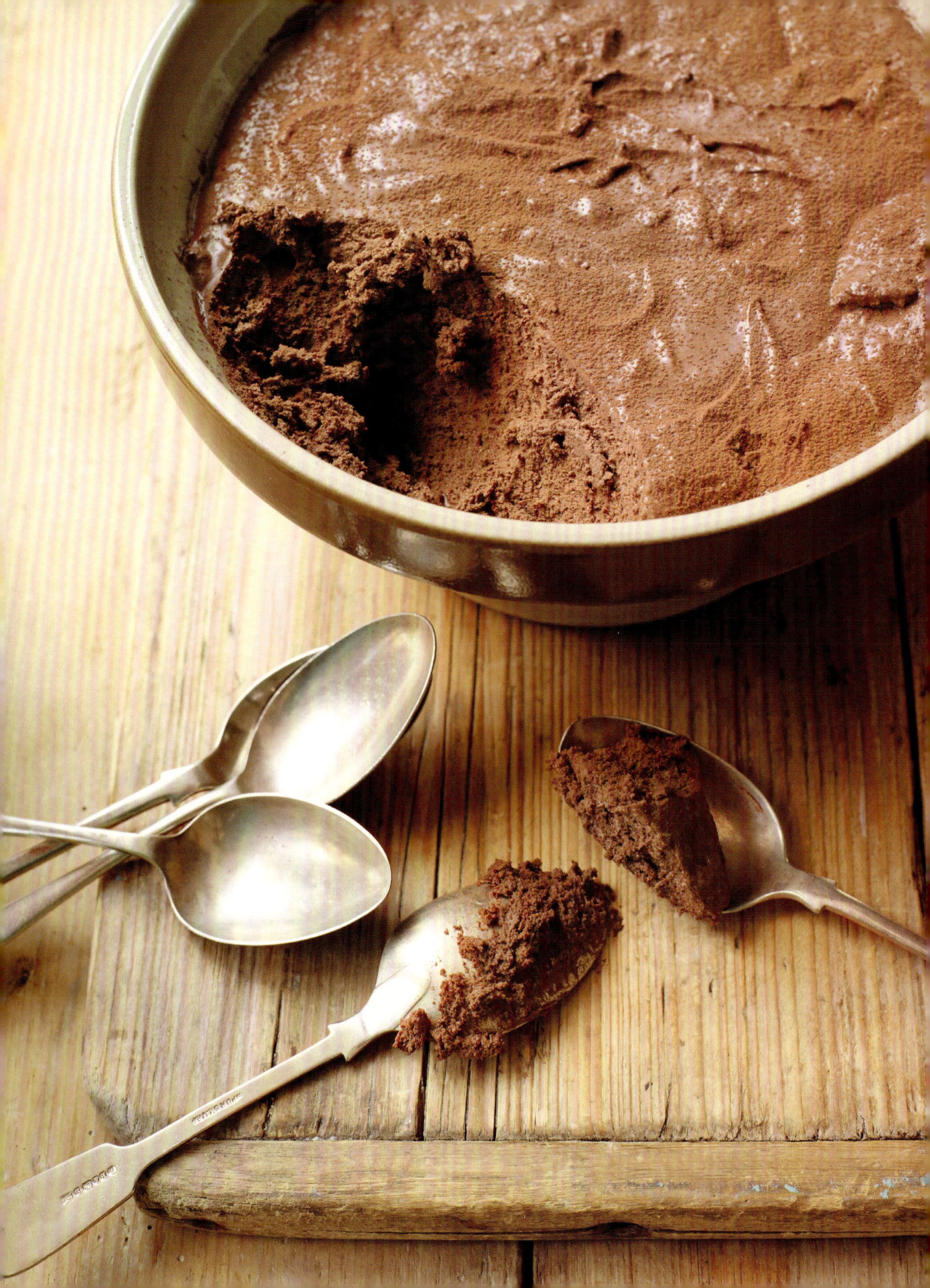

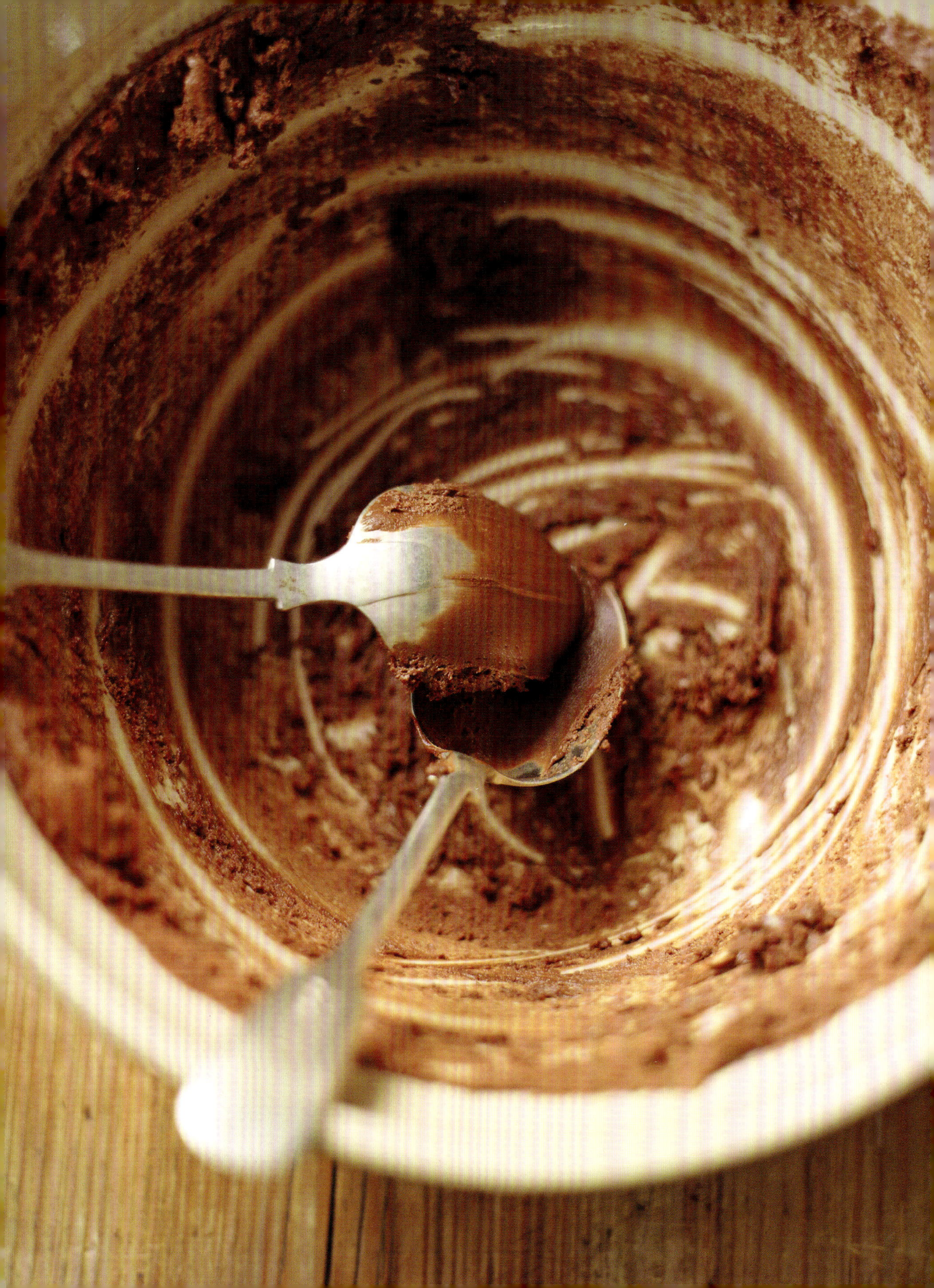

Musse de chocolate de bistrô francês

Um dos meus bistrôs parisienses preferidos é o Chez Janou. Além do ambiente agradável, ainda serve a musse de chocolate à moda antiga numa grande tigela de cerâmica e com uma concha – e você come o quanto quiser. Um sonho!

Rendimento: 6 porções
Preparo: 15 minutos, mais o tempo para refrigerar
Tempo de cozimento: 5 minutos

- 250 g de chocolate amargo (até 70% de cacau) picado grosseiramente
- 65 g de manteiga sem sal
- 6 ovos, claras e gemas separadas
- uma pitada de sal

Derreta o chocolate e a manteiga em banho-maria em fogo baixo. Retire do fogo e incorpore as gemas.

Em uma tigela limpa e seca, bata as claras em neve com a pitada de sal. Incorpore uma boa colherada de claras em neve ao chocolate, depois misture delicadamente o restante.

Despeje o preparo na tigela de servir, cubra com filme de PVC e leve para gelar por 4 horas. Essa musse é maravilhosa para acompanhar o Shortbread bretão com chocolate (p. 56).

Dica

Na versão para adultos, pode-se acrescentar um pouco de licor de laranja, amaretto ou conhaque.

Samosa de chocolate

Essas samosas doces são ótimas para servir como canapés ou como sobremesa exótica acompanhada de sorvete de manga ou de outra fruta tropical.

Rendimento: 4 unidades
Preparo: 10 minutos
Tempo de cozimento: 10 minutos

25 g de manteiga sem sal
2 bananas maduras fatiadas
1 colher (sopa) de açúcar mascavo claro
2 folhas de massa filo
50 g de chocolate amargo (até 70% de cacau) ralado finamente
½ colher (chá) de canela em pó

Derreta metade da manteiga em uma frigideira, acrescente as bananas e o açúcar e cozinhe por 4-5 minutos, ou até as frutas caramelizarem, virando-as na metade do tempo.

Corte as folhas de massa filo ao meio. Coloque alguns pedaços de banana, um punhado de chocolate ralado e um pouco de canela do meio até uma das pontas de cada folha, então dobre a massa de modo a formar o triângulo característico da samosa.

Aqueça a manteiga restante na frigideira em fogo médio, coloque as samosas e frite por 2 minutos de cada lado, ou até a massa dourar por igual. Sirva imediatamente.

Rocambole de chocolate e framboesa

Esse rocambole foi inspirado na clássica receita dos meus mestres Albert e Michel Roux, que eu fazia quando trabalhava para eles. Fácil de preparar, não leva farinha de trigo e é uma sobremesa perfeita para um almoço ou jantar informal.

Rendimento: 10 porções
Preparo: 35 minutos, mais o tempo para esfriar e refrigerar
Tempo de forno: 25 minutos

50 g de açúcar

50 ml de água

25 ml de licor de framboesa (ou crème de cassis)

300 ml de creme de leite fresco

50 g de açúcar de confeiteiro

500 g de framboesa fresca, mais um pouco para decorar

Para o pão de ló

manteiga, para untar

175 g de chocolate amargo (até 70% de cacau) picado grosseiramente

6 ovos, gemas e claras separadas

175 g de açúcar

1 colher (chá) de extrato de baunilha

2 colheres (sopa) de cacau em pó peneirado

Para o pão de ló, preaqueça o forno a 180°C (forno de convecção a 160°C). Unte levemente uma fôrma de 38 cm x 28 cm e forre com papel-manteiga.

Derreta o chocolate em banho-maria em fogo baixo e deixe esfriar por alguns minutos.

Em uma tigela grande, bata o açúcar com as gemas até obter um creme claro. Acrescente a baunilha e o chocolate já frio e misture até incorporar. Em uma tigela limpa e seca, bata as claras em neve e junte uma colherada generosa ao creme de chocolate, mexendo devagar. Acrescente as claras em neve restantes e incorpore o cacau.

Despeje a massa na assadeira e nivele delicadamente com uma espátula. Asse por 18-20 minutos, ou até a massa ficar firme ao toque. Coloque uma folha de papel-manteiga sobre o pão de ló e sobre ela um pano umedecido em água. Deixe esfriar completamente.

Enquanto isso, faça a calda: coloque o açúcar e a água em uma panela pequena e aqueça em fogo baixo até o açúcar se dissolver. Ferva por 2 minutos, então desligue o fogo e deixe esfriar completamente. Acrescente o licor de framboesa.

Para montar o rocambole, bata o creme em chantili firme. Polvilhe açúcar de confeiteiro sobre uma folha de papel-manteiga, vire o pão de ló sobre ela e retire a que serviu para forrar a fôrma. Pincele a calda de framboesa sobre a massa, espalhe o chantili e cubra com as framboesas frescas, apertando-as levemente no creme.

Comece a enrolar o rocambole pela lateral mais comprida, apertando bem no início e usando o papel-manteiga para ajudar a enrolar. O rocambole pode rachar ao enrolar, mas não se preocupe, faz parte do charme! Deixe na geladeira por 4 horas no mínimo.

Ao servir, apare as pontas do rocambole e coloque em uma travessa comprida. Polvilhe generosamente com açúcar de confeiteiro e sirva com mais framboesas frescas. Gosto de servir essa sobremesa leve com coulis – purê quase líquido, aquecido – de framboesa.

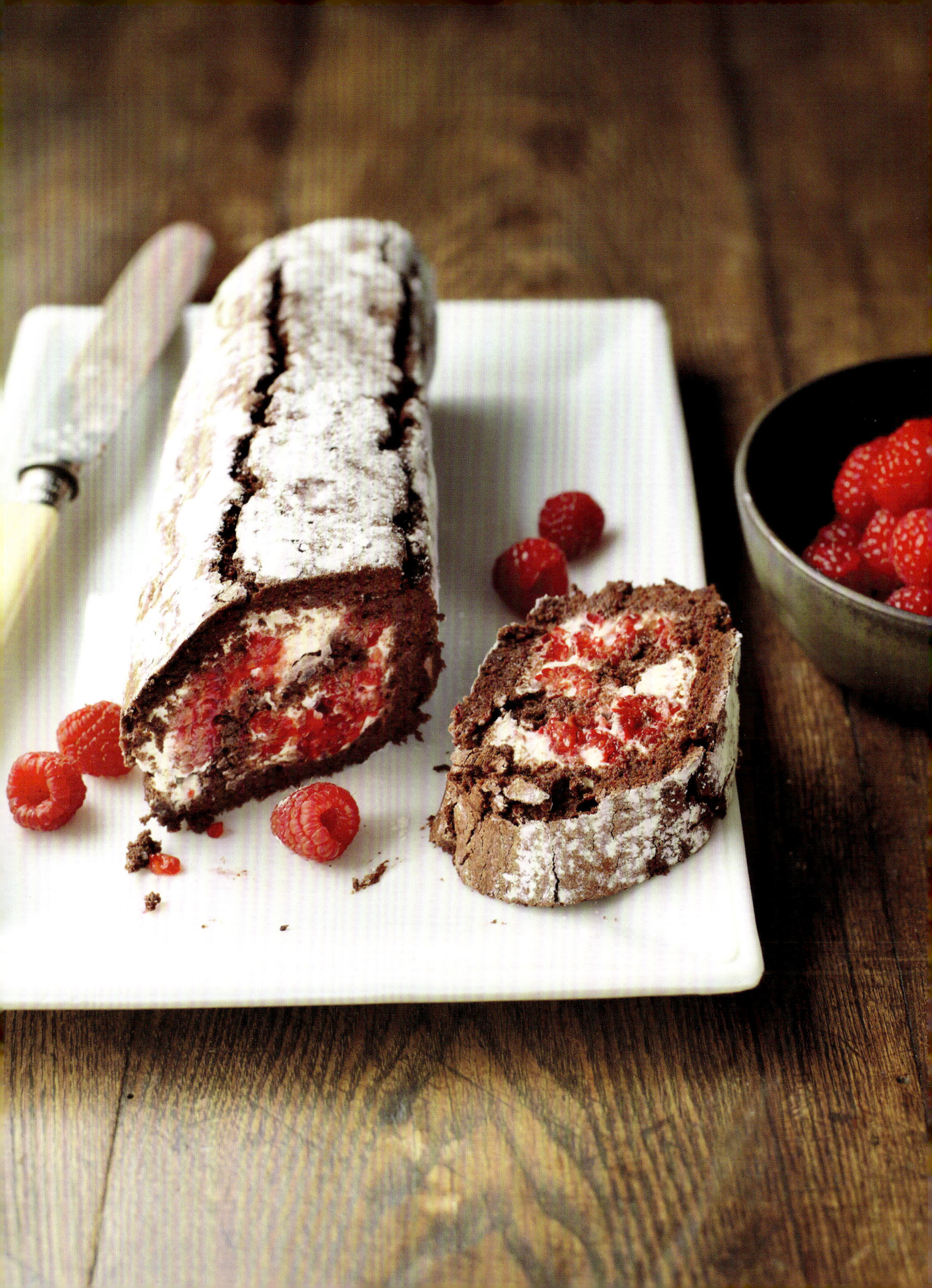

Royale de chocolate com cassis

Essa é a sobremesa perfeita para uma ocasião especial ou um encontro de amigos, além de ser uma das minhas combinações preferidas.

Rendimento: 8 porções

Preparo: 40 minutos, mais o tempo para esfriar e refrigerar por uma noite

Tempo de forno: 40-45 minutos

manteiga, para untar

200 g de chocolate amargo (até 70% de cacau) picado grosseiramente

3 ovos, mais 2 gemas

1 colher (chá) de maisena

3 claras

300 g de açúcar

300 ml de vinagre balsâmico

300 g de cassis frescos ou congelados e descongelados

Para a musse de chocolate

250 g de chocolate amargo picado grosseiramente

5 claras

uma pitada de sal

Para o glacê

200 g de chocolate amargo picado

200 g de chocolate branco picado

125 ml de leite

75 ml de creme de leite fresco

50 g de açúcar

65 g de xarope de glicose

Para o pão de ló, preaqueça o forno a 180°C (forno de convecção a 160°C). Unte duas fôrmas de 20 cm de diâmetro cada e forre com papel-manteiga.

Derreta o chocolate em banho-maria em fogo baixo. Em uma tigela, misture os ovos inteiros com as gemas e incorpore ao chocolate junto com a maisena. Em uma tigela limpa e seca, bata as claras em neve. Incorpore uma colher bem cheia de claras em neve ao chocolate para ele amolecer um pouco e depois, delicadamente, o restante das claras. Divida essa massa entre as fôrmas e asse por 20-25 minutos, ou até que, inserindo um palito no centro do bolo, ele saia limpo. Deixe esfriar nas fôrmas por 5 minutos e desenforme.

Enquanto isso, coloque para ferver o açúcar com o vinagre, diminua o fogo e cozinhe em fogo baixo até formar uma calda espessa – quase no ponto de caramelo. Retire do fogo e reserve.

Para a musse, derreta o chocolate como acima. Em uma tigela limpa e seca, bata as claras em neve com o sal. Incorpore uma colher cheia de claras em neve ao chocolate para amolecer um pouco e depois o restante, delicadamente.

Para montar, corte os pães de ló ao meio, horizontalmente. Você só vai precisar de três fatias de pão de ló (guarde a restante para outra receita). Coloque uma delas na base de uma fôrma de fundo removível de 20 cm de diâmetro e cubra com os cassis. Reaqueça a calda e despeje sobre as frutas, cobrindo-as completamente. Sobreponha a segunda fatia e pressione bem. Espalhe a musse de chocolate, deixando espaço suficiente para a terceira fatia de pão de ló caber na fôrma. Se sobrar musse, espalhe sobre a última fatia e deixe o bolo por uma noite na geladeira.

Faça o glacê um pouco antes de servir. Coloque os chocolates amargo e branco em tigelas refratárias separadas. Junte o leite, o creme, o açúcar e a glicose em uma panela, misture e ferva. Retire do fogo, despeje metade desse líquido sobre o chocolate de cada tigela, misturando até que esteja totalmente derretido.

Retire o bolo da geladeira e desenforme utilizando um maçarico ou deixando-o por alguns instantes sobre uma superfície aquecida. Coloque o bolo num prato grande de servir e despeje o glacê de chocolate amargo na superfície, deixando-o escorrer pelas laterais para cobri-lo completamente. Faça o mesmo com o glacê branco e, com o garfo, crie um efeito de mármore. Nivele com a espátula e sirva com o glacê ainda quente.

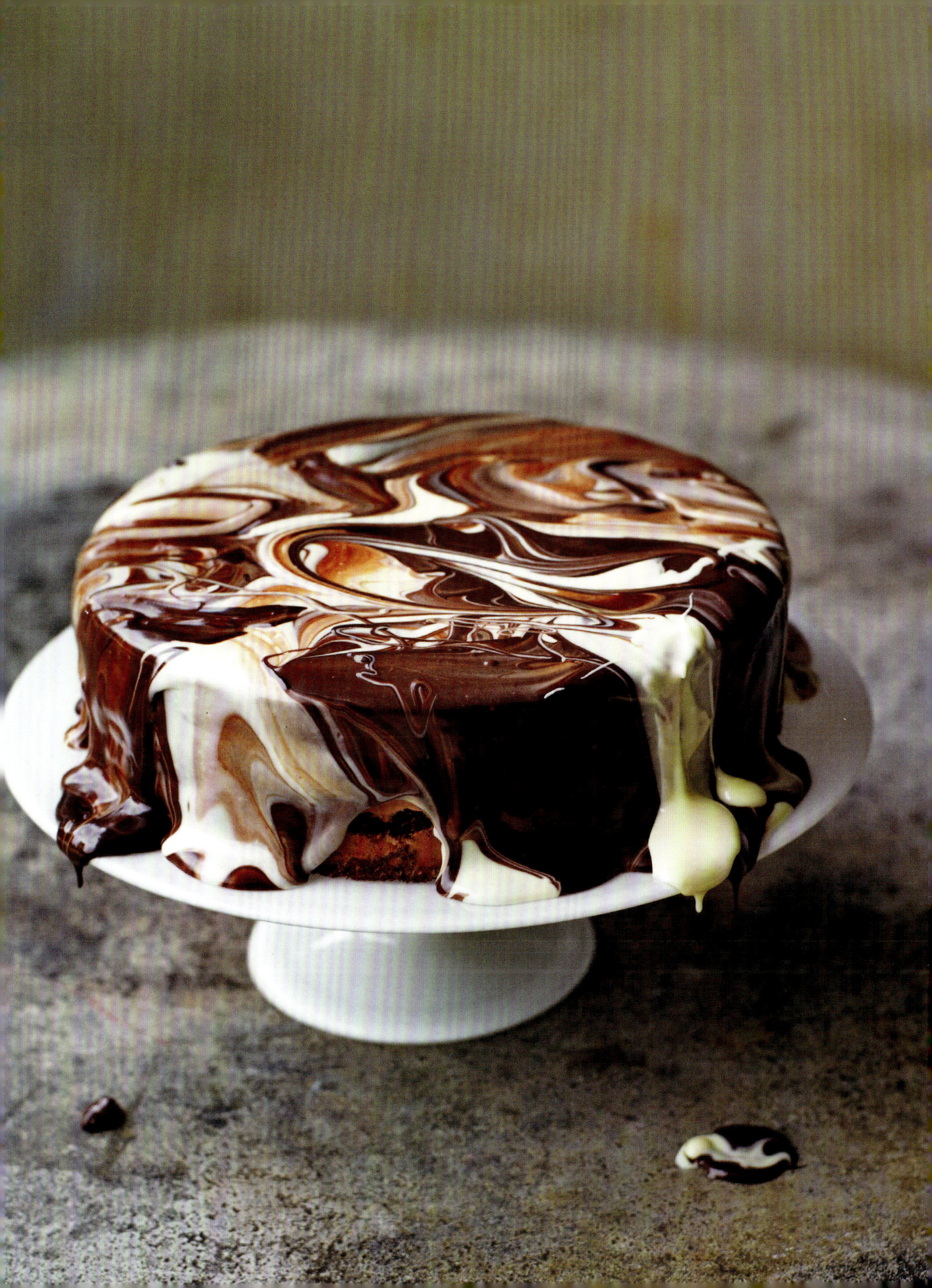

Verrine de três chocolates

Servir sobremesas em copinhos é bem prático, especialmente em festas ou bufês. Esse trio de chocolate, além de lindo, é muito saboroso.

Rendimento: 8 copos normais ou 20 pequenos
Preparo: 35 minutos, mais o tempo para refrigerar
Tempo de cozimento: 25 minutos

Para a camada de chocolate amargo

75 g de chocolate amargo (até 70% de cacau) picado grosseiramente

1 colher (sopa) de açúcar

2 ovos, gemas e claras separadas

Para a camada de chocolate ao leite

75 g de chocolate ao leite picado grosseiramente

½ colher (sopa) de açúcar

2 ovos, gemas e claras separadas

Para a camada de chocolate branco

2 gemas

2 colheres (chá) de açúcar

1 colher (chá) de água fria

150 g de chocolate branco picado grosseiramente

250 ml de creme de leite fresco

Comece com a camada de chocolate amargo. Derreta o chocolate e o açúcar em banho-maria em fogo baixo, retire do fogo e incorpore as gemas. Em uma tigela limpa e seca, bata as claras em neve firme e incorpore ao chocolate. Divida o preparo igualmente entre os copos. Deixe firmar na geladeira.

Repita a operação com o chocolate ao leite. Coloque cuidadosamente uma camada do chocolate ao leite sobre o amargo e leve os copos novamente à geladeira.

Finalmente, faça a camada de chocolate branco. Junte as gemas, o açúcar e a água em uma tigela refratária e misture bem. Ponha a tigela em banho-maria em fogo baixo e bata com batedeira elétrica manual ou mixer por 10 minutos. Retire do fogo e continue batendo até obter um creme espesso.

Derreta o chocolate branco em banho-maria em fogo baixo e deixe esfriar alguns minutos. Bata o creme em chantili leve. Incorpore o chocolate derretido já frio ao creme de ovos e acrescente o chantili. Coloque cuidadosamente o creme de chocolate branco nos copos e deixe na geladeira por 6 horas, ou até o doce ficar bem firme. Decore com raspas de chocolate.

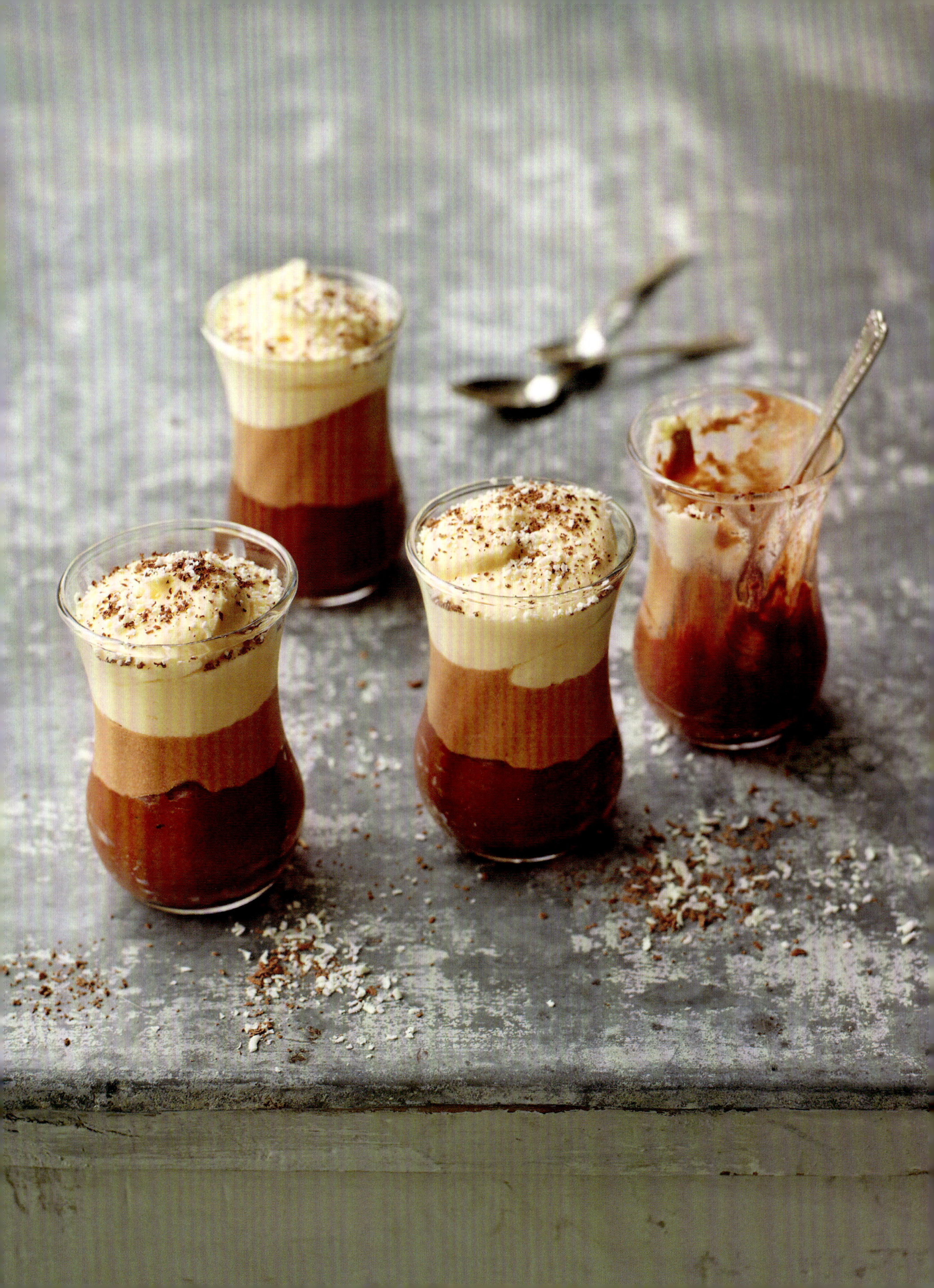

Bolo de chocolate com crème brûlée de baunilha e cassis

Adoro ser surpreendido ao fatiar um bolo ou partir uma sobremesa. Pode ser a textura, o recheio ou, como nesse caso, um crème brûlée de baunilha coberto com musse de chocolate e cassis.

Rendimento: 8 porções
Preparo: 50 minutos, mais o tempo para esfriar e congelar por uma noite
Tempo de cozimento e forno: 50 minutos

manteiga, para untar
40 g de açúcar, mais 1 colher (sopa) para polvilhar
2 gemas
250 ml de creme de leite fresco
1 fava de baunilha partida ao meio no sentido do comprimento
1 pão de ló de chocolate de 21 cm de diâmetro por 5 mm de altura (use qualquer receita de pão de ló de chocolate)
4 colheres (sopa) de geleia de cassis

Para a musse de chocolate
50 ml de água
50 g de açúcar
2 sachês de chá de cassis
225 g de chocolate amargo (até 70% de cacau) picado grosseiramente
400 ml de creme de leite fresco
75 g de gemas

Para a ganache
125 ml de creme de leite fresco
125 g de chocolate amargo (até 70% de cacau) picado
25 g de manteiga sem sal

Preaqueça o forno a 110°C (forno de convecção a 90°C). Unte levemente uma travessa refratária de 20 cm de diâmetro (deve ser um pouco menor que a fôrma ou o aro que será usado para o bolo) e polvilhe com 1 colher (sopa) de açúcar.

Para o crème brûlée, junte as gemas e o restante do açúcar em uma tigela refratária e misture. Coloque o creme de leite em uma panela, acrescente a baunilha e leve para ferver. Retire do fogo e passe o creme por uma peneira fina sobre o creme de gemas, sempre mexendo. Despeje na travessa refratária untada e asse por 30 minutos, ou até ficar ligeiramente firme. Deixe esfriar e coloque no freezer por 2 horas.

Enquanto isso, faça a musse. Junte a água, o açúcar e os sachês de chá em uma panela em fogo alto e leve para ferver, mexendo até o açúcar se dissolver. Retire do fogo e reserve.

Derreta o chocolate em banho-maria em fogo baixo. Deixe esfriar. Bata o creme em chantili leve. Esprema e retire os sachês de chá e ferva a calda novamente. Em uma tigela grande, bata as gemas e incorpore a calda de cassis sem parar de bater, até o preparo ficar leve e espumoso. Deixe esfriar e então misture ao chocolate derretido já frio. Incorpore o chantili.

Para montar, fatie horizontalmente o pão de ló ao meio e pincele cada fatia com geleia de cassis. Coloque um aro de 22 cm de diâmetro sobre uma assadeira ou use uma fôrma de fundo removível e forre a base com uma fatia de pão de ló, com a geleia por cima. Espalhe metade da musse.

Desenforme o crème brûlée e coloque sobre a musse. Espalhe o restante da musse e cubra com a outra fatia de pão de ló, com o lado da geleia para baixo. Deixe na geladeira por uma noite para firmar.

Para a ganache, aqueça levemente o creme em uma panela, então acrescente o chocolate e mexa até derreter e ficar homogêneo. Retire do fogo. Corte a manteiga em pedacinhos e junte ao chocolate, mexendo até ficar totalmente incorporada.

Desenforme o bolo gelado utilizando um maçarico ou colocando-o por alguns instantes sobre uma superfície aquecida, coloque-o sobre uma grade e esta sobre o prato de servir. Espalhe a ganache quente, alise com uma espátula e espere firmar. Sirva em temperatura ambiente.

# Tiramisù de chocolate branco

Revisitei esse clássico italiano que é uma sensação internacional, acrescentando um toque de cardamomo, café e chocolate branco. Fica ainda melhor se feito na véspera.

Rendimento: 6 porções
Preparo: 25 minutos, mais uma noite para refrigerar
Tempo de cozimento: 5 minutos

manteiga, para untar
25 g de cacau em pó
2 colheres (chá) de cardamomo moído
100 ml de café forte e quente
175 g de chocolate branco picado grosseiramente
250 g de mascarpone
3 ovos, gemas e claras separadas
uma pitada de sal
13 biscoitos speculaas
açúcar de confeiteiro, para polvilhar

Unte seis ramequins de louça e polvilhe com um pouco de cacau em pó.

Junte o cardamomo ao café e deixe em infusão até esfriar.

Derreta o chocolate em banho-maria em fogo baixo.

Coloque o mascarpone em uma tigela grande, incorpore as gemas e acrescente o chocolate derretido. Em uma tigela limpa e seca, bata as claras em neve com sal e junte delicadamente ao creme de mascarpone.

Mergulhe 6 biscoitos no café, um a um, coloque um no fundo de cada ramequim e acrescente uma camada do creme de mascarpone. Repita com outra camada de biscoito umedecido e finalize com uma camada de mascarpone.

Triture os biscoitos restantes e salpique sobre cada ramequim. Deixe na geladeira por uma noite e sirva polvilhado com o restante do cacau em pó e açúcar de confeiteiro.

Dica

Os biscoitos holandeses speculaas podem ser encontrados em lojas de produtos importados e hipermercados.

Bolo bicolor de chocolate branco, framboesa e limão

Mais leve, colorida e de visual bem moderninho, essa é minha versão do tradicional bolo Battenberg.

Rendimento: 8 porções
Preparo: 45 minutos, mais o tempo para esfriar
Tempo de forno: 30-35 minutos

350 g de manteiga sem sal em temperatura ambiente, mais um pouco para untar

350 g de açúcar

275 g de farinha de trigo com fermento

100 g de farinha de amêndoa

1 colher (chá) de fermento em pó

6 ovos

1 colher (chá) de extrato de baunilha

2 colheres (sopa) de leite

2 colheres (sopa) de framboesa liofilizada em pedaços

2 colheres (chá) de essência de framboesa

gotas de corante comestível rosa

2 colheres (chá) de essência de limão

gotas de corante comestível amarelo

150 g de geleia de framboesa

açúcar de confeiteiro, para polvilhar

300 g de chocolate branco, para modelar

framboesa fresca, para enfeitar

Preaqueça o forno a 180°C (forno de convecção a 160°C). Unte duas fôrmas quadradas de 20 cm e forre com papel-manteiga.

Coloque a manteiga, o açúcar, as farinhas, o fermento, os ovos, a baunilha e o leite em uma tigela grande e bata até obter uma massa homogênea. Divida-a em dois e coloque uma das metades em outra tigela. Incorpore a framboesa liofilizada, a essência de framboesa e o corante rosa num dos preparos até a massa ficar cor-de-rosa. Adicione a essência de limão e o corante amarelo ao outro preparo e misture até ficar amarelo-brilhante.

Despeje cada preparo em uma fôrma e asse por 25-30 minutos, ou até que, ao inserir um palito no centro dos bolos, ele saia limpo. Deixe esfriar nas fôrmas.

Aqueça a geleia de framboesa em uma panela até ficar líquida e em seguida peneire. Apare os bolos para ficarem da mesma largura e altura, divida-os para formar quatro retângulos idênticos e compridos, dois de cada cor (congele as sobras de massa para utilizar em outra receita). Com um rolo canelado, em uma superfície levemente polvilhada com açúcar de confeiteiro, abra o chocolate branco para modelar em um retângulo de 25 cm x 20 cm.

Coloque os retângulos de massa rosa e amarela lado a lado e pincele um pouco de geleia entre eles para grudar. Pincele um pouco de geleia na parte superior e coloque os outros retângulos de massa rosa e amarela, alternando as cores e grudando as partes com geleia. Pincele os retângulos por fora com geleia, exceto as extremidades cortadas.

Coloque cuidadosamente o bolo no centro do tapete de chocolate, embrulhe com firmeza, vire-o de forma que a emenda fique por baixo e apare as sobras. Polvilhe as framboesas frescas com açúcar de confeiteiro e decore o bolo com elas.

Dica

Os bolos assados na véspera correm menos o risco de esfarelar na hora da montagem.

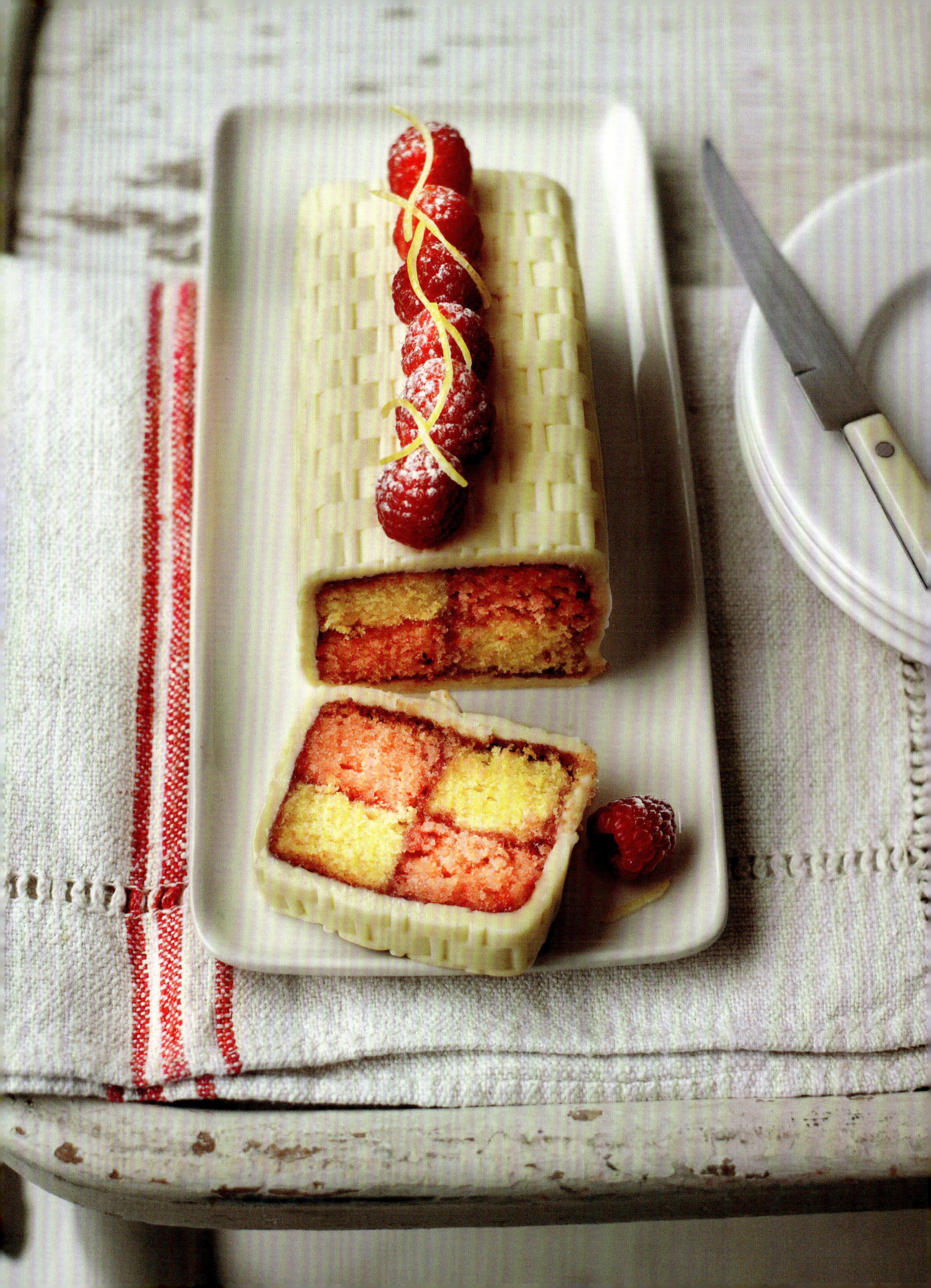

A fantástica pavlova de chocolate

Descobri essa maravilhosa sobremesa quando cheguei à Inglaterra – e desde então venho criando novas versões para ela. Essa é a mais recente e, claro, leva chocolate!

Rendimento: 10 porções
Preparo: 25 minutos, mais o tempo para esfriar
Tempo de forno: 1h45

6 claras
350 g de açúcar
1 colher (sopa) de maisena
4 colheres (sopa) de cacau em pó
1 colher (chá) de vinagre de vinho branco
100 g de gotas de chocolate amargo (até 70% de cacau)
100 g de gotas de chocolate branco
100 g de minimarshmallows
500 ml de creme de leite fresco
2 colheres (chá) de extrato de baunilha
50 g de chocolate amargo (até 70% de cacau) em raspas finas
açúcar de confeiteiro, para polvilhar

Preaqueça o forno a 120°C (forno de convecção a 100°C). Unte e forre uma assadeira grande com papel-manteiga.

Em uma tigela limpa e seca, bata as claras em neve firme, acrescentando o açúcar aos poucos. Peneire a maisena junto com o cacau em pó e junte delicadamente às claras com o vinagre até incorporar. Pare de bater e junte as gotas de chocolate e os marshmallows sem misturar demais.

Com uma espátula de silicone, espalhe um pouco do preparo na assadeira para formar um disco de 22 cm de diâmetro, então empilhe o resto do suspiro.

Asse por 1h45, ou até ficar crocante por fora e um pouco puxa-puxa por dentro. Deixe esfriar por alguns minutos no papel-manteiga e transfira para uma grade para esfriar por completo. A massa vai afundar e rachar um pouco.

Bata o creme em chantili firme com a baunilha e cubra bem o suspiro. Polvilhe com chocolate raspado e açúcar de confeiteiro. Sirva imediatamente.

Dica

Use uma folha de papel-manteiga suficientemente larga para que o suspiro de 22 cm de diâmetro possa crescer.

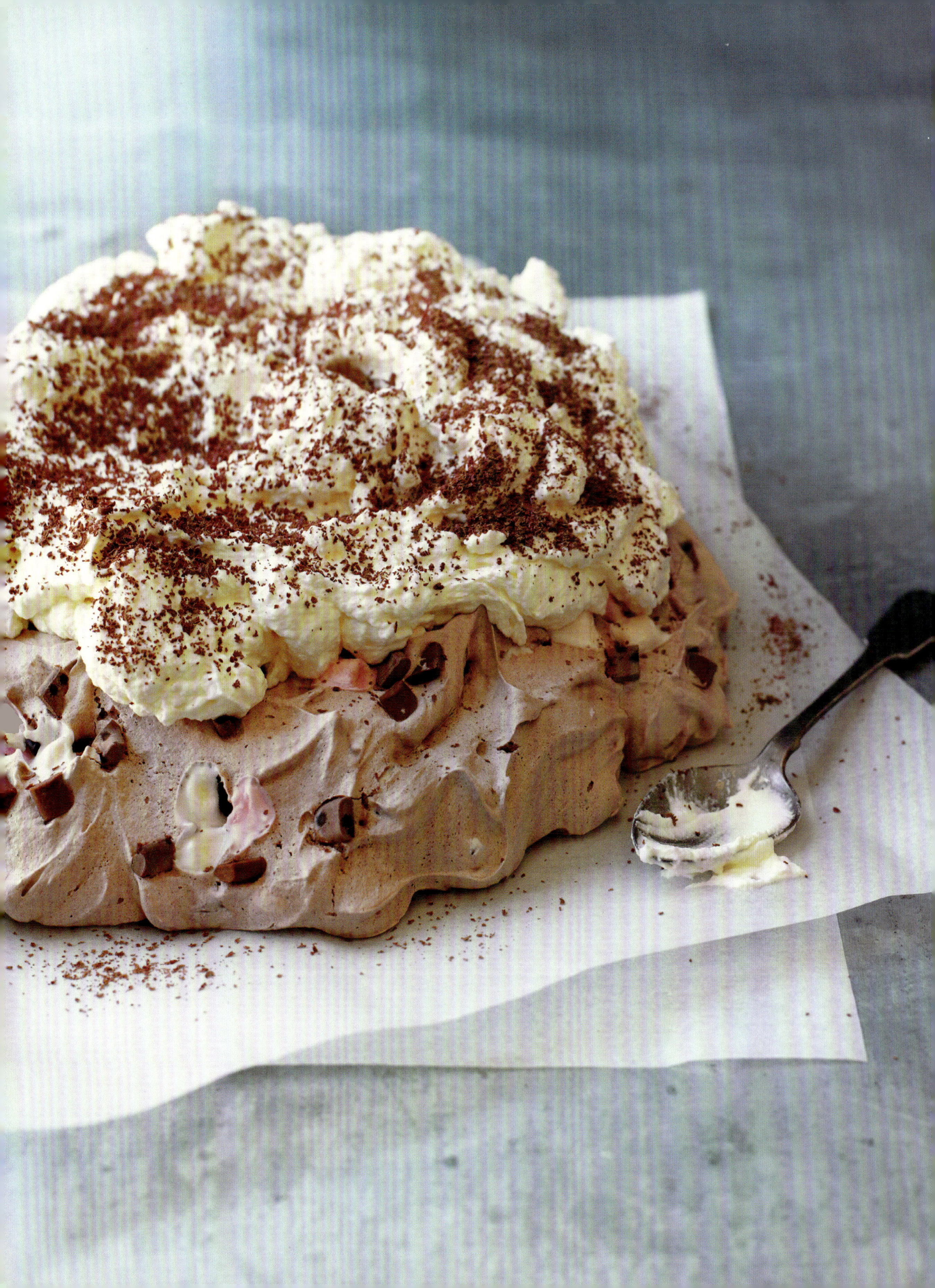

Fondant de chocolate com compota de laranja e moscatel

Essa receita é o sonho dos chocólatras! Doce, intensa, a compota realça a clássica combinação de chocolate e laranja.

Rendimento: 4 porções
Preparo: 15 minutos
Tempo de forno: 15 minutos

2 colheres (chá) de cacau em pó

125 g de manteiga sem sal, mais um pouco para untar

200 g de chocolate amargo (até 70% de cacau) picado grosseiramente

75 g de açúcar

2 ovos, mais 2 gemas

25 g de farinha de trigo

Para a compota de laranja

1 laranja grande descascada e em gomos

2 colheres (chá) de açúcar

1 colher (chá) de maisena

100 ml de vinho moscatel

Preaqueça o forno a 180°C (forno de convecção a 160°C). Unte quatro forminhas individuais de 150 ml, polvilhe com cacau e bata para retirar o excesso. Coloque as forminhas numa assadeira.

Derreta o chocolate e a manteiga em banho-maria em fogo baixo, mexendo até ficar homogêneo. Deixe esfriar por alguns minutos.

Em uma tigela grande, bata o açúcar, os ovos e as gemas até obter um creme claro e espumoso com o dobro de volume. Incorpore delicadamente o chocolate frio ao creme e depois a farinha.

Divida a massa entre as forminhas, preenchendo até três quartos da altura. Asse por 12 minutos.

Enquanto isso, faça a compota. Coloque os gomos de laranja em uma frigideira, aqueça devagar, acrescente o açúcar e cozinhe até que comece a chiar. Misture a maisena com um pouco de água e a acrescente às laranjas junto com o vinho. Cozinhe até reduzir o líquido pela metade.

Retire os fondants do forno e com uma faca afiada desgrude as beiradas para desenformá-los. Vire-os nos pratinhos e remova as fôrmas com cuidado. Sirva imediatamente com a compota de laranja.

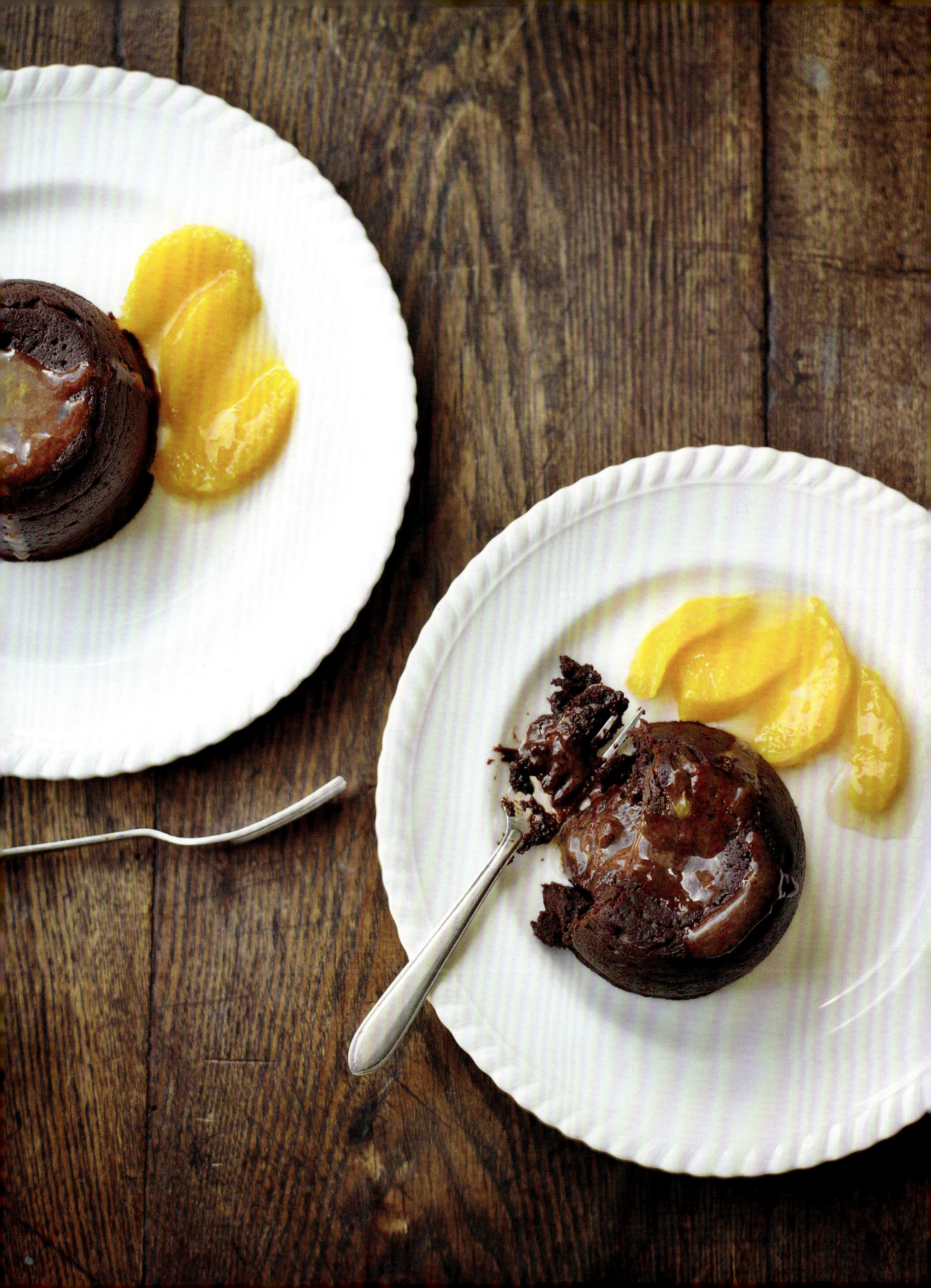

Tortinha de morango e chocolate branco

Essa receita é a cara do verão. A massa amanteigada, a deliciosa compota e o levíssimo chantili de chocolate branco formam o trio perfeito para os olhos e o paladar.

Rendimento: 6 unidades
Preparo: 40 minutos, mais o tempo para esfriar e refrigerar
Tempo de forno: 10 minutos

Para a massa

300 g de farinha de trigo, mais um pouco para polvilhar

4 colheres (sopa) de açúcar

200 g de manteiga sem sal cortada em pedacinhos

2 gemas

2 colheres (sopa) de água fria

2 colheres (chá) de extrato de baunilha

Para a compota

50 g de açúcar

200 g de morango bem picado

1 colher (chá) de extrato de baunilha

Para o creme chantili

100 g de chocolate branco picado grosseiramente

250 ml de creme de leite fresco

150 g de morango cortado ao meio, para decorar

Primeiro faça a massa. Peneire a farinha em uma tigela grande e acrescente o açúcar. Com a ponta dos dedos, misture a manteiga à farinha até ficar com consistência de migalhas de pão. Faça uma cova no centro e acrescente os demais ingredientes. Com as mãos, misture todos os ingredientes formando uma massa macia. Coloque-a sobre uma superfície enfarinhada e forme uma bola. Cubra com filme de PVC e leve à geladeira por 30 minutos ou mais.

Unte levemente seis forminhas individuais para torta de 10 cm de diâmetro. Abra a massa com um rolo e forre as fôrmas. Com um garfo, faça furinhos na base da massa e leve as fôrmas à geladeira por 15 minutos.

Forre cada massa com papel-manteiga e preencha com feijões para fazer peso. Asse em forno preaquecido a 180°C (forno de convecção a 160°C), por 8-10 minutos, ou até que a massa esteja apenas firme, então retire o papel-manteiga e os feijões e volte-as ao forno por mais 4-5 minutos, ou até que as bases estejam sequinhas. Deixe esfriar e desenforme.

Para a compota, coloque o açúcar e os morangos picados em uma panela e cozinhe em fogo médio até obter uma compota espessa. Acrescente a baunilha e deixe esfriar.

Para o chantili, derreta o chocolate branco em banho-maria em fogo baixo e deixe esfriar por alguns minutos. Enquanto isso, bata o creme em chantili leve. Incorpore uma quarta parte do chantili ao chocolate frio. Acrescente o restante do chantili, sem misturar demais.

Para montar, despeje um pouco de compota sobre a base de cada torta e espalhe o chantili. Finalize com o morango fatiado.

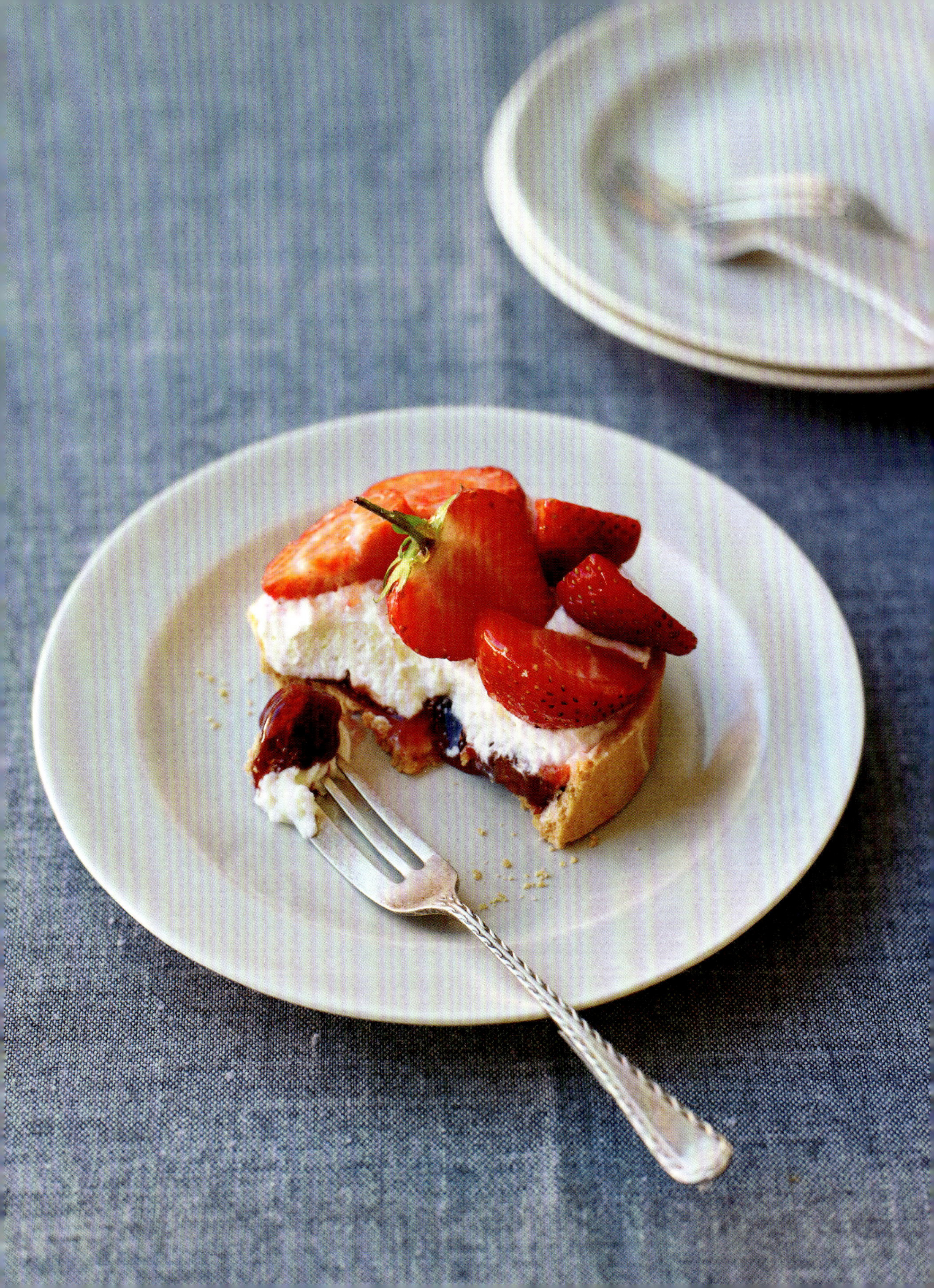

Petit gâteau de chocolate e amaretto

Esses lindos docinhos são ideais para finalizar um longo almoço de domingo preguiçoso. O amaretto dá um toque especial, e eles ficam ainda mais gostosos se servidos com calda de chocolate (p. 168).

Rendimento: 6 porções
Preparo: 25 minutos
Tempo de forno: 25-30 minutos

100 g de manteiga sem sal, mais um pouco para untar

100 g de chocolate amargo (até 70% de cacau) picado grosseiramente

2 ovos

50 g de açúcar mascavo escuro

40 g de melaço de cana

75 g de farinha de amêndoa

15 g de farinha de trigo, mais um pouco para polvilhar

½ colher (chá) de fermento em pó

2 colheres (sopa) de amaretto (ou licor de amêndoa)

6 biscoitos amaretti, mais um pouco para enfeitar

Unte seis fôrmas individuais de 150 ml e polvilhe-as com farinha, batendo para tirar o excesso. Corte seis pequenos círculos de papel-manteiga para forrar o fundo de cada fôrma. Unte seis pedaços de papel-alumínio de cerca de 15 cm^2.

Coloque a manteiga e o chocolate em uma panela e aqueça devagar até derreter. Deixe esfriar.

Em uma tigela grande, bata juntos os ovos, o açúcar e o melaço até obter um creme espesso e espumoso. Com uma espátula de silicone, incorpore o chocolate derretido já frio. Em outra tigela, misture a farinha de amêndoa, a farinha de trigo e o fermento e incorpore ao preparo anterior, acrescentando a metade do amaretto.

Preaqueça o forno a 200°C (forno de convecção a 180°C).

Coloque os biscoitos em uma tigela pequena e regue com o amaretto restante. Preencha um terço das fôrmas com a massa, então coloque um biscoito umedecido sobre cada uma. Cubra com o restante da massa, deixando 1 cm entre o preparo e a beirada das fôrmas. Amasse ligeiramente os quadrados de papel-alumínio e coloque um sobre cada fôrma.

Distribua as fôrmas em uma assadeira e coloque água quente até metade da altura das fôrmas. Asse por 20-25 minutos, ou até que, inserindo um palito no centro dos bolinhos, ele saia limpo.

Um pouco antes de servir, passe uma faca afiada por toda a lateral das fôrmas para soltar os doces. Vire sobre os pratos de sobremesa e desenforme cuidadosamente. Regue com a calda de chocolate deixando escorrer pelas laterais e polvilhe com pedacinhos de biscoitos amaretti. Sirva imediatamente.

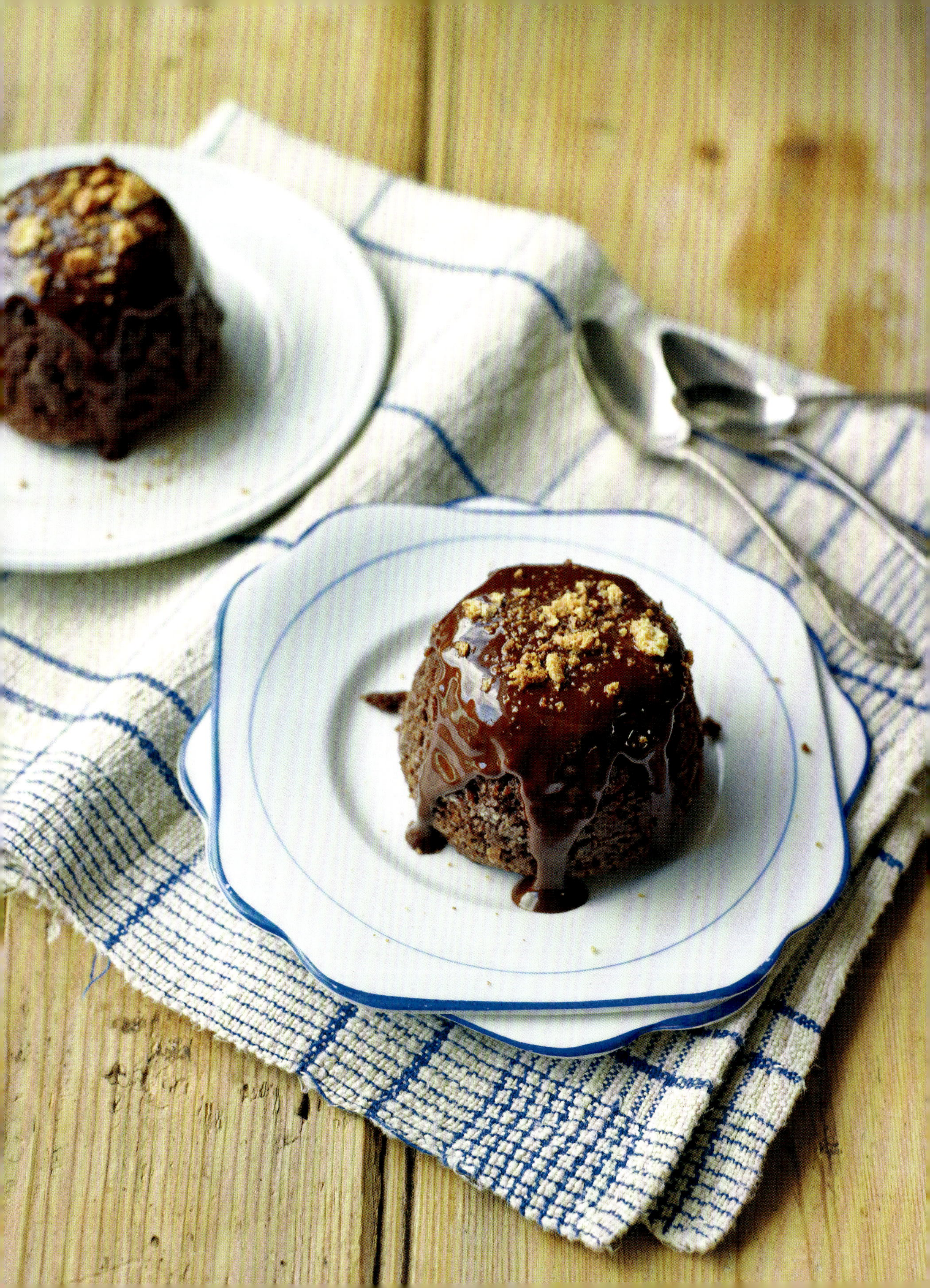

Trufa à moda antiga

Trufas e outras delícias

Trufa à moda antiga

Entre as mais doces lembranças da minha vida, essa tem destaque especial: na época de Natal nós, crianças, passávamos horas fazendo trufas e no final ficávamos cobertos de cacau em pó da cabeça aos pés. Trufas frescas devem ser mantidas na geladeira e consumidas dentro de uma semana, se é que alguém resiste não devorá-las de uma só vez!

Rendimento: 30 unidades
Preparo: 15 minutos, mais o tempo para refrigerar
Tempo de cozimento: 5 minutos

250 g de chocolate amargo (até 70% de cacau) picado
2 colheres (sopa) de leite
1 colher (sopa) de café expresso ou café bem forte
100 g de manteiga sem sal em temperatura ambiente
2 gemas
25 g de cacau em pó peneirado

Com cuidado, derreta o chocolate no leite em banho-maria em fogo baixo. Tire do fogo e acrescente o café, a manteiga e as gemas, misturando até incorporar. Transfira para outra tigela e deixe na geladeira por 4 horas para firmar.

Coloque o cacau em pó em um prato. Enfarinhe as mãos com o cacau para evitar que as trufas grudem nelas. Com uma colher de sobremesa, vá tirando colheradas cheias da massa de chocolate e rolando-as na palma das mãos, formando bolas do tamanho de uma noz.

Com um garfo, role as trufas no cacau em pó para cobrir. Guarde em recipiente hermético e conserve na geladeira por até 1 semana. Veja na página anterior o resultado final.

Dica

Tire as trufas da geladeira e deixe-as em temperatura ambiente por algum tempo antes de servir e, se for o caso, passe-as por mais cacau em pó.

TRUFAS E OUTRAS DELÍCIAS 127

1. Derreta o chocolate e o leite.

2. Fora do fogo, incorpore o café, a manteiga e as gemas e espere firmar.

3. Tire colheradas cheias do preparo de chocolate e role para formar bolinhas.

4. Role as trufas no cacau em pó.

Trufa explosiva ao champanhe rosé

Essas são mesmo para surpreender! Lindas e deliciosas trufas cor-de-rosa que "explodem" na boca.

Rendimento: 15 unidades
Preparo: 15 minutos, mais o tempo para refrigerar
Tempo de cozimento: 5 minutos

100 g de chocolate amargo (até 70% de cacau) picado

100 ml de creme de leite fresco

2 colheres (chá) de conhaque *marc de champagne* (ou grappa)

2 colheres (chá) de açúcar explosivo

5 colheres (sopa) de açúcar de confeiteiro

1 colher (chá) de corante comestível rosa em pó

Coloque o chocolate em uma tigela refratária. Aqueça o creme em uma pequena panela até sair fumaça, mas sem deixar ferver. Despeje sobre o chocolate e mexa cuidadosamente até derreter e ficar homogêneo e brilhante. Deixe esfriar.

Depois de frio, acrescente o conhaque e o açúcar explosivo. Leve à geladeira para firmar por 4 horas ou mais.

Bata no liquidificador o açúcar de confeiteiro e o corante até que misturem bem e despeje em um prato.

Com uma colher de chá, pegue uma porção do preparo e role na palma das mãos, formando bolinhas perfeitas. Com um garfo, role as trufas no açúcar rosa. Guarde-as em recipiente hermético na geladeira por até 1 semana.

Dica

Polvilhe as mãos com açúcar de confeiteiro antes de rolar as trufas para que não grudem. O *marc de champagne*, aguardente feita com a borra da uva, é encontrado em empórios de vinhos.

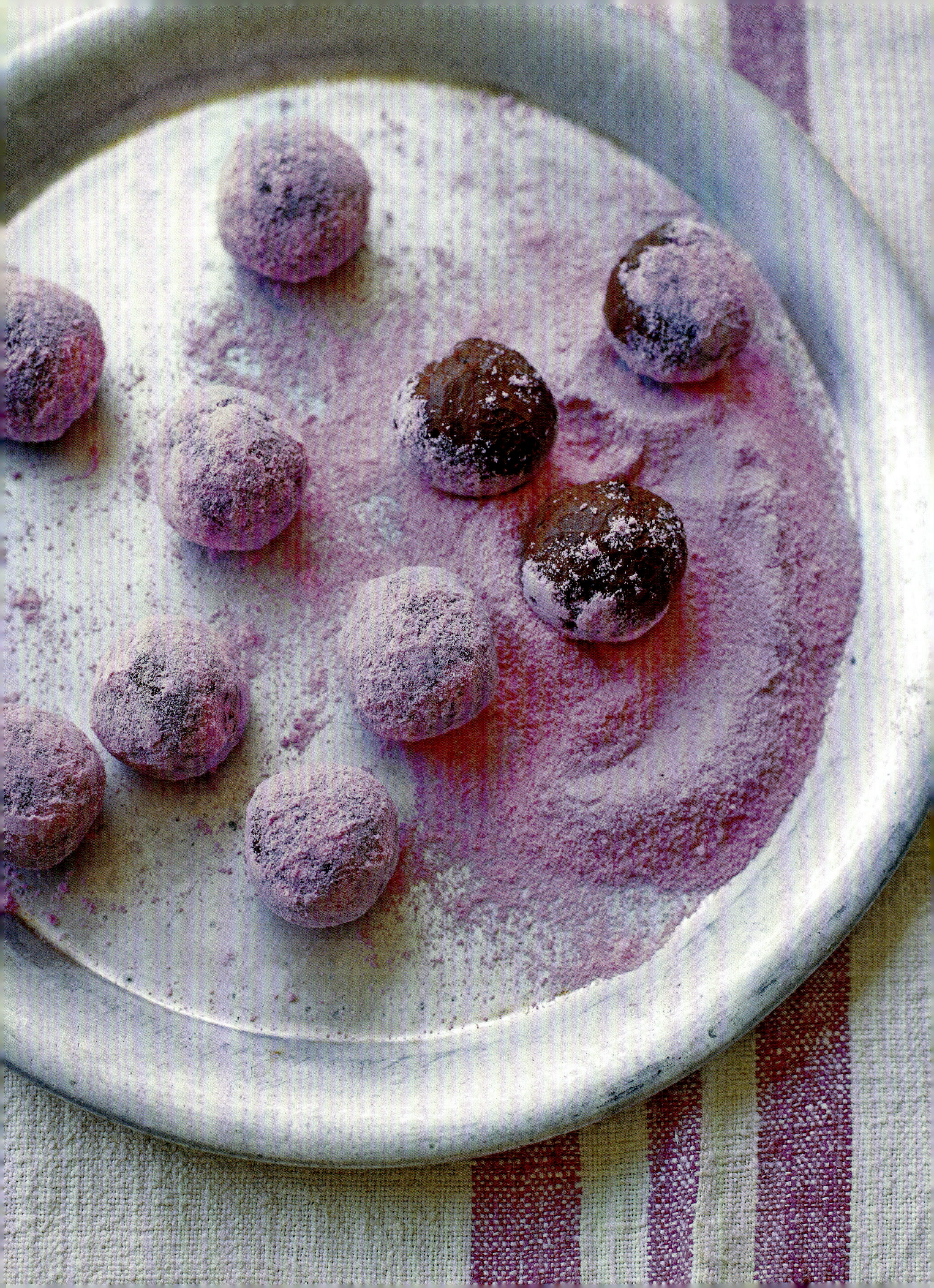

Bombom crocante de chocolate

Bem crocantes, com sabor de amêndoas e avelãs e, claro, de chocolate. Embrulhados em celofane e colocados num bonito vidro, são um presente perfeito.

Rendimento: 24 unidades
Preparo: 15 minutos, mais o tempo para esfriar e refrigerar
Tempo de cozimento: 5 minutos

200 g de chocolate ao leite picado grosseiramente
200 ml de creme de leite fresco espesso (veja dica na p. 66)
50 g de flocos de arroz crocantes
50 g de amêndoa em lascas tostada (veja dica na p. 44)
50 g de avelã tostada e picada (veja dica na p. 44)

Forre uma fôrma quadrada de 19 cm com papel-manteiga.

Derreta o chocolate em banho-maria em fogo baixo. Enquanto isso, aqueça devagar o creme de leite fresco e despeje no chocolate derretido. Deixe esfriar.

Divida o chocolate entre três tigelas pequenas e coloque um dos ingredientes secos em cada uma delas.

Despeje o chocolate com flocos de arroz crocantes na fôrma e pressione com o dorso de uma colher. Deixe firmar na geladeira. Estando firme, espalhe por cima o chocolate com amêndoas e volte à geladeira para firmar novamente.

Repita o processo com o chocolate com avelãs para formar três camadas, cubra com filme de PVC e coloque na geladeira por 4 horas ou mais, até ficar bem firme.

Desenforme e coloque em uma tábua. Com uma faca larga e afiada, corte o doce em 24 pequenos retângulos. Embrulhe em papel-celofane e guarde em recipiente hermético por 1 semana.

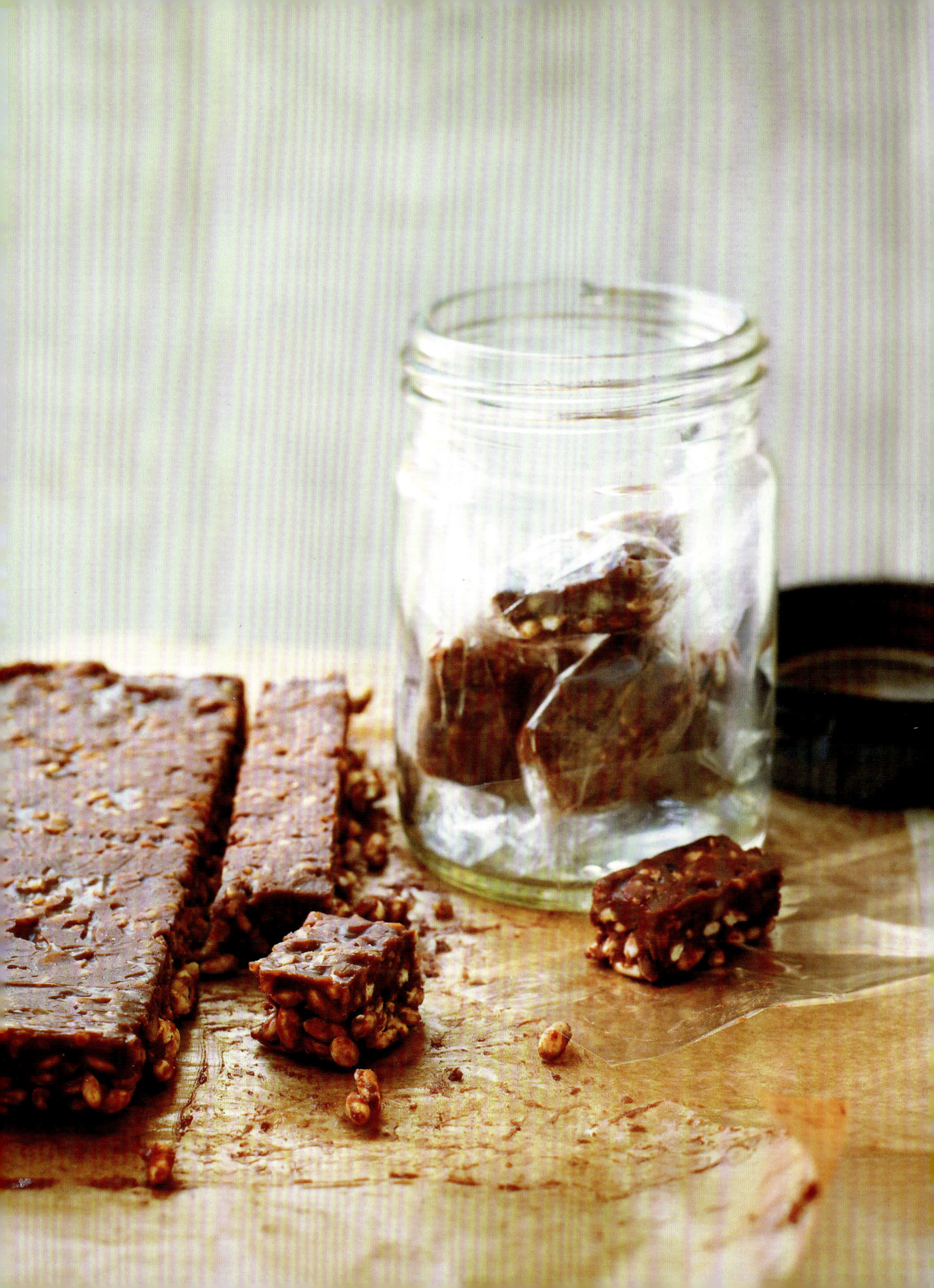

Palet d'or

Macios, aromatizados com café e avelã e enfeitados com folhas de ouro, os clássicos palet d'or sempre se destacam entre as especialidades dos melhores chocolatiers do mundo.

Rendimento: cerca de 60 unidades
Preparo: 45 minutos, mais o tempo para descansar e refrigerar
Tempo de cozimento: 10 minutos

Para a ganache

200 g de chocolate amargo (até 70% de cacau) picado grosseiramente

150 ml de creme de leite fresco

2 colheres (chá) de essência de café

12 g de xarope de glicose

20 g de pasta de avelã (encontrada em lojas especializadas em produtos para confeitaria)

20 g de manteiga sem sal

1 colher (chá) de extrato de baunilha

Para a cobertura

300 g de chocolate amargo (até 70% de cacau) picado finamente

folhas de ouro comestível ou transfer com desenho dourado para chocolate (encontrados em lojas especializadas em produtos para confeitaria)

Para a ganache, derreta o chocolate em banho-maria em fogo baixo. Aqueça bem o creme de leite em uma panela pequena, mas sem deixar ferver. Acrescente a essência de café e deixe esfriar por alguns minutos. Junte o creme frio ao chocolate derretido e misture até ficar homogêneo e brilhante. Adicione devagar a glicose, a pasta de avelã, a manteiga e a baunilha e deixe descansar por 2 horas, mexendo de vez em quando para não separar.

Forre uma fôrma rasa e quadrada de 20 cm com papel-manteiga. Espalhe a ganache em uma camada de 1,5 cm de espessura e alise com uma espátula. Cubra com filme de PVC e leve à geladeira por 2 horas ou mais, até firmar bem.

Quando a ganache estiver firme, derreta, esfrie e reaqueça o chocolate amargo usando a técnica de temperagem explicada na p. 12. Se for usar a folha de ouro, esmigalhe-a sobre uma folha de acetato.

Com cuidado, transfira a ganache para uma tábua de cortar e, com uma faca larga e afiada, corte quadrados de 2 cm. Com um garfo ou pinça, mergulhe cada quadrado no chocolate até que fique totalmente coberto. Sacuda levemente para tirar o excesso e, com cuidado, coloque sobre a folha de acetato. Antes que o chocolate fique totalmente firme, cubra com outra folha de acetato, apertando delicadamente. Deixe firmar na geladeira.

Antes de servir, retire delicadamente os chocolates das folhas de acetato e arrume-os com a face dourada para cima. Conserve em local seco e fresco por 1 semana.

Cereja coberta com chocolate

Essas delicadas cerejas marinadas no conhaque e cobertas com chocolate são irresistíveis, mas cuidado com seu teor alcoólico, que é bem alto!

Rendimento: cerca de 60 unidades
Preparo: 2 horas, mais 2 meses para marinar, descansar e firmar
Tempo de cozimento: 10 minutos

açúcar de confeiteiro, para polvilhar

75 g de chocolate granulado de muito boa qualidade (encontrado em lojas especializadas em produtos para confeitaria)

300 g de fondant branco (encontrado em lojas especializadas em produtos para confeitaria)

350 g de chocolate amargo (até 70% de cacau) picado finamente

Para as cerejas

500 g de cereja fresca com cabinho, lavada e seca

125 g de açúcar

2 paus de canela

2 colheres (chá) de extrato de baunilha

6 sementes de coentro trituradas

500 ml de conhaque

Para marinar, coloque as cerejas bem apertadas em um vidro para conservas previamente esterilizado (veja dica na p. 164), polvilhando açúcar entre cada camada de fruta. Acrescente os paus de canela, a baunilha e o coentro. Cubra por completo com conhaque, até a tampa, e feche hermeticamente. Deixe marinar por 2 meses em um local escuro, fresco e seco. Dê uma chacoalhada delicadamente a cada 2-3 semanas para que o açúcar se dissolva bem.

Com cuidado, retire as cerejas, seque com papel-toalha (reserve o conhaque para outro uso). Forre uma assadeira com papel-manteiga e polvilhe-a generosamente com açúcar de confeiteiro. Coloque o chocolate granulado em uma tigela rasa.

Derreta o fondant em uma panela pequena até que fique líquido e quente (50°C com termômetro culinário). Segure cada cereja pelo cabinho, mergulhe no fondant e coloque-as sobre a assadeira preparada. Deixe esfriar e firmar.

Derreta, esfrie e reaqueça o chocolate amargo usando a técnica de temperagem explicada na p. 12.

Segurando pelo cabinho, mergulhe cada cereja no chocolate temperado, cobrindo até um quarto do cabinho para selar a fruta inteira. Retire cuidadosamente o excesso de chocolate. Mergulhe a base das frutas no chocolate granulado e coloque-as sobre uma folha de papel-manteiga. Deixe firmar e coloque em recipiente hermético esterilizado. Reserve por 1 semana em um local seco e fresco antes de consumir — a essa altura o fondant terá derretido e se transformado num delicioso licor.

Dica

O fondant deve se manter branco mesmo derretido — se ficar transparente é porque está quente demais e nesse caso precisa esfriar antes de ser usado.

Bouchée de avelã

Bouchée, em francês, significa "bocado, pedaço" – e o nome é bem apropriado, pois dá vontade mesmo de ir mordiscando esses bombons ao longo do dia para o prazer durar mais.

Rendimento: 36 unidades
Preparo: 30 minutos, mais o tempo para esfriar, refrigerar e firmar
Tempo de cozimento: 20 minutos

Para o recheio
150 g de avelã
125 g de açúcar
manteiga, para untar
75 g de chocolate ao leite picado grosseiramente
25 g de chocolate amargo (até 70% de cacau) picado grosseiramente

Para a cobertura
100 g de chocolate amargo (até 70% de cacau) picado grosseiramente
100 g de chocolate ao leite picado grosseiramente
25 g de amêndoa em lascas tostada (veja dica na p. 44)
duas pitadas de sal marinho

Para o recheio, preaqueça o forno a 180°C (forno de convecção a 160°C). Coloque a avelã em uma assadeira e toste-a por 10 minutos, até ficar levemente dourada.

Enquanto isso, coloque o açúcar em uma panela de fundo grosso e aqueça até formar um caramelo escuro, então acrescente a avelã torrada e despeje em uma assadeira untada. Deixe esfriar completamente.

Quebre o caramelo com avelã em pedaços pequenos e coloque no liquidificador, batendo até se transformar num farelo fino.

Derreta o chocolate ao leite com o chocolate amargo em banho-maria em fogo baixo. Retire do fogo e acrescente o farelo de avelã, misturando até obter uma pasta homogênea e espessa.

Com uma colher de chá, preencha as cavidades de uma fôrma de silicone para bombons redondos e deixe firmar na geladeira. Retire os bombons das fôrmas quando estiverem completamente firmes. O recheio deve render de 36 bouchées; se necessário, preencha a fôrma várias vezes, até terminar todo o chocolate.

Para cobrir, derreta ambos os chocolates como acima, tire do fogo e adicione a amêndoa e o sal. Com um garfo, mergulhe os bombons no chocolate derretido para cobrir completamente, sacudindo suavemente para tirar o excesso. Coloque-as sobre uma folha de papel-manteiga e espere firmar. Guarde em recipiente hermético por 1 semana.

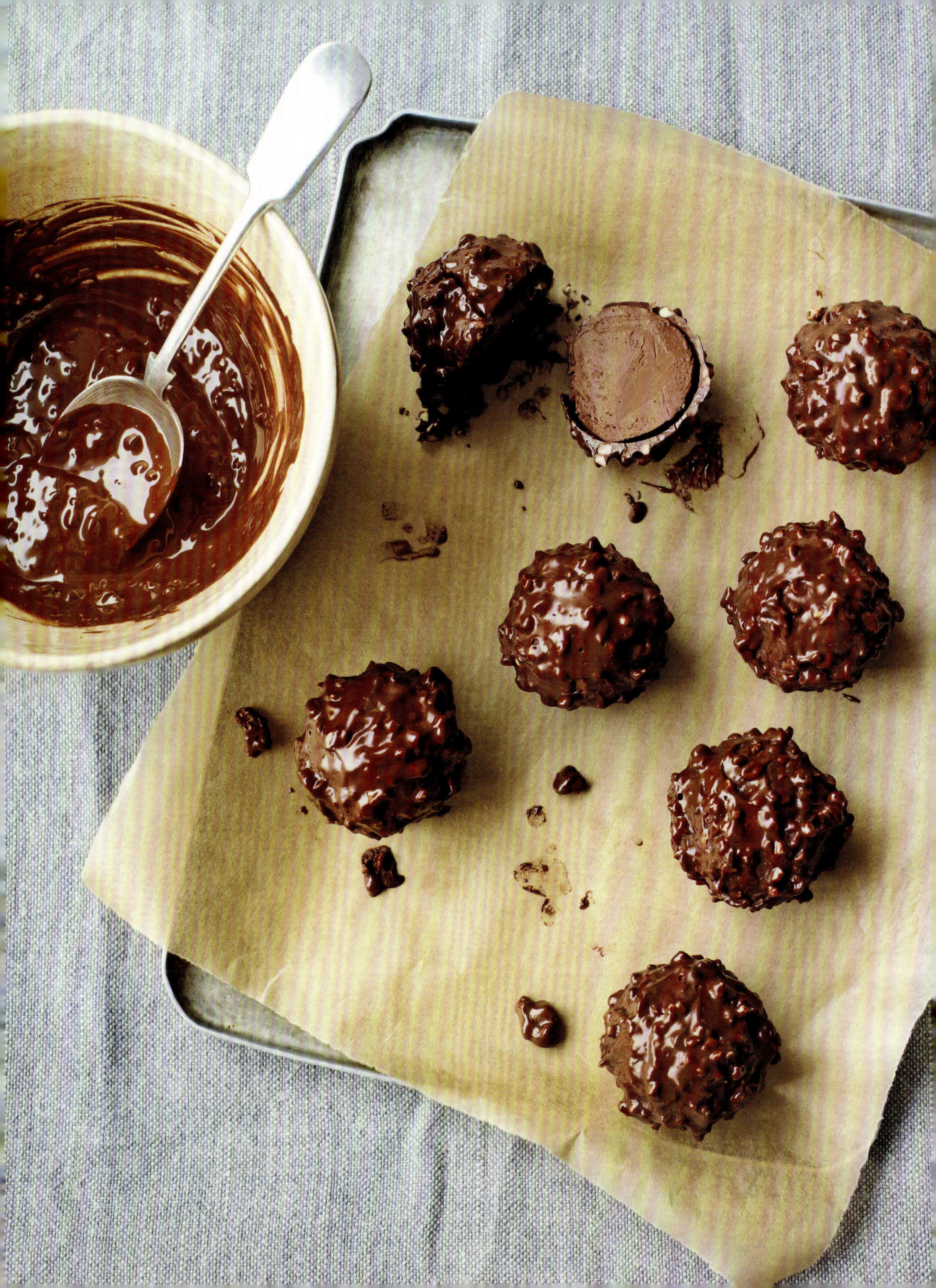

Barrinha de chocolate com mel

As crianças adoram chocolate branco, e é muito divertido adaptar receitas para agradá-las. E, cá pra nós, essas barrinhas também fazem o maior sucesso entre os adultos.

Rendimento: 8 porções
Preparo: 10 minutos, mais o tempo para refrigerar
Tempo de cozimento: 10 minutos

200 g de chocolate ao leite picado grosseiramente, mais 25 g para cobrir

40 g de manteiga sem sal, mais um pouco para untar

2 colheres (sopa) de mel

2 colheres (sopa) de leite condensado

75 g de flocos de arroz

25 g de coco ralado seco

150 g de chocolate branco picado grosseiramente

Unte uma fôrma quadrada e rasa de 18 cm e forre com papel-manteiga.

Coloque o chocolate ao leite, a manteiga, o mel e o leite condensado em uma panela pequena e aqueça devagar até derreter e obter um preparo homogêneo, então acrescente os flocos de arroz e o coco.

Despeje na fôrma e nivele a superfície com o dorso de uma colher. Leve à geladeira para firmar por 30 minutos ou mais.

Derreta o chocolate branco em banho-maria em fogo baixo. Deixe esfriar por alguns minutos, estão espalhe sobre o chocolate com flocos de arroz e coco. Volte à geladeira para firmar.

Derreta os 25 g restantes de chocolate ao leite como acima, então coloque o chocolate em um pequeno saco de confeitar. Por um pequeno furo na ponta do saco, faça um desenho sobre o chocolate branco e deixe firmar em temperatura ambiente.

Retire da fôrma, transfira para uma tábua e corte em barrinhas retangulares com uma faca larga e afiada. Guarde em recipiente hermético ou embrulhe em sacos de celofane para presentear.

Dica

A receita é fácil e pode ser feita até por crianças maiorzinhas, mas com a supervisão de um adulto, principalmente na hora de cortar as barras com faca afiada!

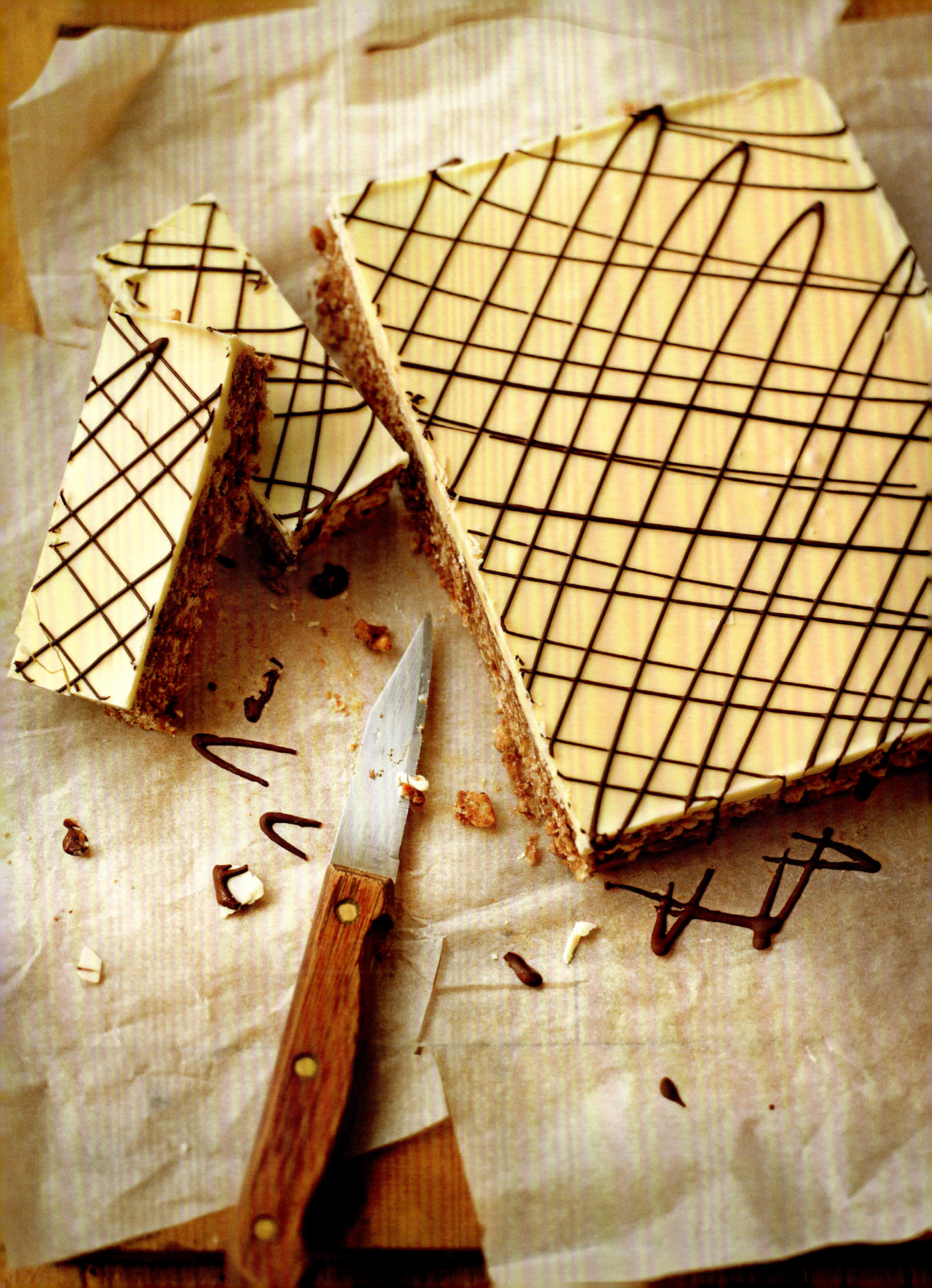

Quadradinho de chocolate e menta

Chocolate com menta, servido com café ou chá, é uma maneira perfeita de terminar uma boa refeição. Esses quadradinhos são um sucesso!

Rendimento: 36 porções
Preparo: 10 minutos, mais o tempo para refrigerar
Tempo de cozimento: 10 minutos

manteiga, para untar
375 g de chocolate amargo (até 70% de cacau) picado grosseiramente
325 g de açúcar de confeiteiro
1 colher (sopa) de óleo
2 colheres (sopa) de leite
¼ de colher (chá) de essência de menta

Unte uma fôrma quadrada de 20 cm com 6 cm de altura. Forre a base e as laterais com papel-manteiga.

Derreta o chocolate em banho-maria em fogo baixo. Espalhe metade do chocolate derretido sobre o fundo da fôrma e alise com uma espátula. Deixe esfriar na geladeira por 15 minutos ou até firmar.

Peneire o açúcar de confeiteiro em uma tigela refratária, acrescente o óleo e o leite para formar uma pasta espessa. Ponha a tigela em banho-maria em fogo baixo e aqueça por alguns minutos, mexendo sem parar. Junte a essência de menta e deixe esfriar por 2 minutos.

Despeje o creme de menta sobre o chocolate enformado e frio e espalhe com uma espátula. Volte à geladeira por 15 minutos ou até que comece a firmar.

Cubra a camada de menta com o restante do chocolate derretido e, com um garfo, desenhe ondas. Leve à geladeira por 1 hora ou mais.

Desenforme com cuidado, transfira para uma tábua e corte em 36 pequenos quadrados com faca larga e aquecida. Guarde em recipiente hermético por 1 semana.

Dica

Se o creme de menta ficar espesso demais depois de esfriar por 2 minutos, acrescente 1 colher (chá) de leite para que amoleça.

Pralinê de lapsang-souchong

O chocolate combina com tantos sabores que os chocolatiers não param de inventar usando as mais extraordinárias fragrâncias. O sabor defumado do chá lapsang-souchong é um exemplo perfeito.

Rendimento: 24 unidades
Preparo: 15 minutos, mais o tempo para esfriar e refrigerar
Tempo de cozimento: 10 minutos

150 g de chocolate amargo (até 70% de cacau) picado grosseiramente

150 ml de creme de leite fresco

2 colheres (sopa) de folhas soltas de chá lapsang-souchong (se for em sachê, abra e retire as folhas)

25 g de açúcar mascavo escuro

2 colheres (chá) de extrato de baunilha

15 g de cacau em pó

Derreta o chocolate em banho-maria em fogo baixo. Retire do fogo.

Coloque o creme de leite, as folhas de chá e o açúcar em uma panela pequena e aqueça em fogo brando, sem deixar ferver. Deixe esfriar em infusão por 4-5 minutos.

Em uma tigela, passe o creme por uma peneira fina. Acrescente a baunilha, despeje sobre o chocolate derretido e misture até ficar homogêneo e brilhante. Deixe esfriar até ficar com consistência boa para usar no saco de confeitar.

Forre uma assadeira com papel-manteiga. Despeje o chocolate em um saco de confeitar com bico plano de 2 cm e forme longos cordões na assadeira. Deixe firmar na geladeira.

Depois que endurecerem, com uma faca afiada, corte em diagonal pedaços de 5 cm. Peneire o cacau em pó em uma tigela rasa e role até cobri-los. Ficam lindos numa caixa para presente!

Marshmallow de chocolate

O marshmallow não faz sucesso apenas entre crianças – o doce tem uma legião de fãs adultos, e essa versão com chocolate e licor amaretto é especial para os mais velhos.

Rendimento: 45 unidades
Preparo: 25 minutos, mais o tempo para refrigerar
Tempo de cozimento: 10 minutos

50 g de cacau em pó

150 ml de água

2 colheres (chá) de licor amaretto

200 g de açúcar

2 colheres (sopa) de gelatina em pó sem sabor

2 colheres (chá) de extrato de baunilha

125 ml de glicose de milho

125 g de chocolate amargo (até 70% de cacau) picado grosseiramente

Forre uma fôrma quadrada de 20 cm com 6 cm de altura com papel-manteiga e polvilhe-a generosamente com parte do cacau em pó.

Coloque a água, o amaretto, o açúcar e a gelatina em pó em uma panela pequena e esquente em fogo brando até dissolver, mas sem deixar ferver. Retire do fogo e acrescente a baunilha.

Transfira para uma tigela, acrescente a glicose e com o mixer bata em neve firme – isso pode levar até 12 minutos.

Derreta o chocolate em banho-maria em fogo baixo. Deixe esfriar por alguns minutos, então incorpore ao marshmallow.

Coloque o marshmallow na fôrma e espalhe com uma espátula molhada em água. Leve à geladeira por 1 hora ou mais, até firmar.

Polvilhe uma tábua de corte com cacau em pó e peneire o restante em uma tigela rasa. Retire o marshmallow da fôrma e transfira para a tábua. Corte em cubinhos. Com um garfo, role os marshmallows no cacau peneirado, sacudindo levemente para retirar o excesso. Guarde em recipiente hermético por 2 semanas.

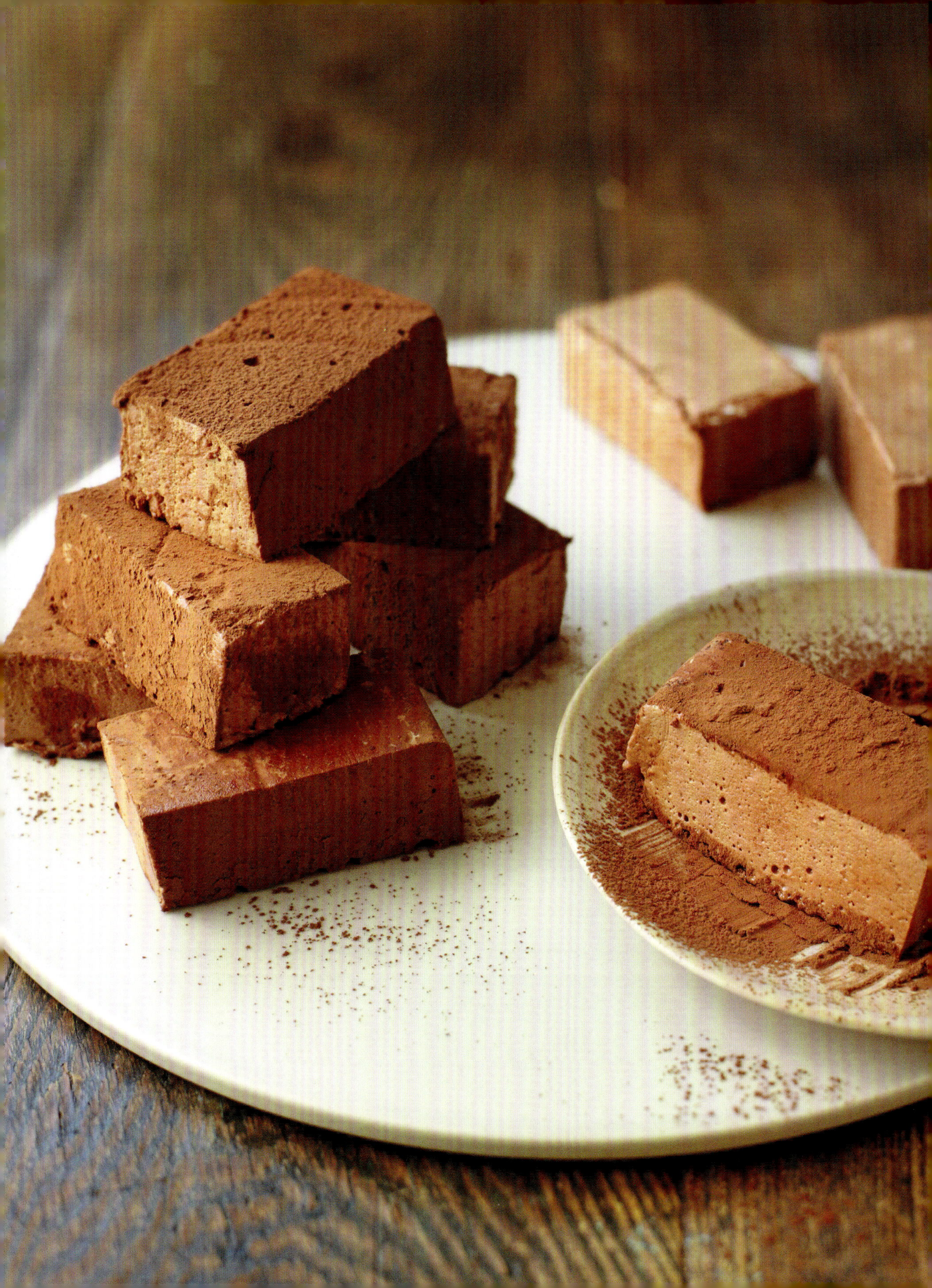

Bala de chocolate

Gosto de presentear com essas balas rústicas embrulhadas em celofane. São deliciosas tanto sozinhas quanto picadas no sorvete.

Rendimento: 1 quadrado de 20 cm
Preparo: 10 minutos, mais o tempo para firmar
Tempo de cozimento: 8 minutos

manteiga sem sal, para untar

200 g de açúcar

4 colheres (sopa) de glicose de milho amarela

25 g de chocolate amargo (até 70% de cacau) picado finamente

1 colher (sopa) de bicarbonato de sódio

Unte uma fôrma quadrada e rasa de 20 cm.

Derreta o açúcar e a glicose em uma panela de fundo grosso em fogo brando, depois aumente para médio e cozinhe por 3-4 minutos, ou até o preparo ficar espesso e com cor de caramelo escuro.

Retire do fogo, acrescente o chocolate e misture imediatamente o bicarbonato de sódio para que espume – afaste-se um pouco por precaução.

Despeje na fôrma e deixe em temperatura ambiente por 2-3 horas para firmar.

Retire da fôrma e, com um rolo, quebre em pedaços. Guarde em sacos de celofane por 1 semana.

Dica

Para deixar as balas ainda mais incrementadas, respingue chocolate branco e ao leite, derretidos, antes de servi-las ou embrulhá-las.

Fudge de chocolate

Eu nunca havia provado fudges antes de chegar à Inglaterra, mas fiquei imediatamente fã desses docinhos que me trazem à lembrança viagens ao litoral. Embrulhados com capricho, são um presente irresistível.

Rendimento: 36 unidades
Preparo: 10 minutos, mais o tempo para refrigerar
Tempo de cozimento: 5 minutos

400 g de chocolate amargo (até 70% de cacau) picado grosseiramente
400 ml de leite condensado
25 g de manteiga sem sal, mais um pouco para untar
100 g de açúcar de confeiteiro

Unte levemente uma fôrma quadrada e rasa de 19 cm.

Coloque o chocolate, o leite condensado e a manteiga em uma panela pequena e derreta devagar em fogo brando, mexendo de vez em quando até obter um preparo homogêneo e sedoso. Peneire o açúcar de confeiteiro e mexa bem, até que esteja completamente incorporado.

Despeje o preparo na fôrma, alisando com o dorso de uma colher. Cubra com filme de PVC e leve à geladeira por 1 hora ou mais, até firmar.

Retire da fôrma, transfira para uma tábua e corte em 36 quadradinhos. Guarde em recipiente hermético, em local fresco e seco, por 1 semana.

Dica

Para variar, experimente colocar nozes picadas ou frutas secas.

Trufa de chocolate e laranja

Quando se fala da clássica combinação de chocolate e laranja sempre se pensa em chocolate amargo, mas essas trufas funcionam maravilhosamente com chocolate branco.

Rendimento: 24 unidades
Preparo: 40 minutos, mais o tempo para refrigerar e firmar
Tempo de cozimento: 8 minutos

75 ml de creme de leite fresco
500 g de chocolate branco picado
25 g de manteiga sem sal
4 colheres (chá) de licor de laranja
50 g de cascas de laranja cristalizadas, picadas finamente
50 g de chocolate amargo (até 70% de cacau) picado grosseiramente

Coloque o creme de leite em uma panela pequena e aqueça em fogo baixo sem deixar ferver. Incorpore metade do chocolate branco e a manteiga e misture até ficar homogêneo. Acrescente o licor e as cascas de laranja, transfira para uma tigela e coloque na geladeira para firmar.

Forre uma assadeira com papel-manteiga. Com uma colher de chá, tire pequenas quantidades do preparo, forme bolinhas com as mãos e coloque na assadeira.

Derreta o chocolate restante em banho-maria em fogo baixo. Deixe esfriar por alguns minutos.

Com um garfo, mergulhe cada bolinha no chocolate derretido e volte a trufa à assadeira para firmar.

Derreta o chocolate amargo como explicado acima e deixe esfriar por alguns minutos. Coloque o chocolate derretido em um saco de confeitar com bico fino e desenhe linhas delicadas sobre as trufas. Aguarde até que firmem e conserve em recipiente hermético, em local seco e fresco, por 1 semana.

Dica

Se as bolinhas amolecerem antes de banhá-las no chocolate, leve-as à geladeira (ou ao freezer por 10 minutos) para firmarem novamente.

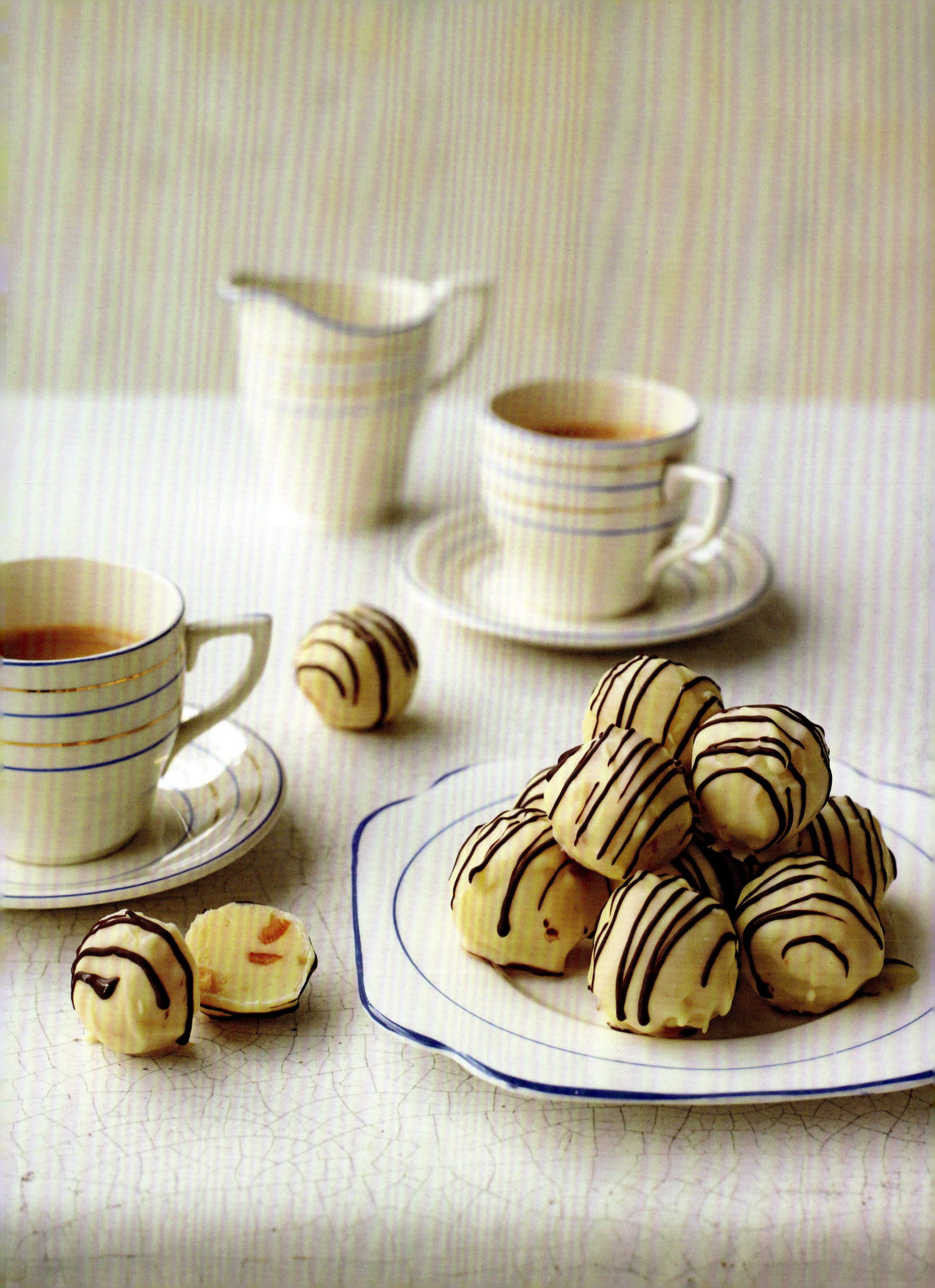

Caramelo de chocolate

Na Bretanha, onde nasci, costuma-se usar manteiga com sal para tudo. Nessa receita, uma pitada de sal deixa esses caramelos simplesmente perfeitos.

Rendimento: 25 unidades
Preparo: 20 minutos, mais uma noite para firmar
Tempo de cozimento: 20 minutos

óleo, para untar

50 g de chocolate amargo (acima de 70% de cacau) picado grosseiramente

4 colheres (chá) de água

100 g de xarope de glicose

250 g de açúcar

100 g de manteiga com sal

200 ml de creme de leite fresco

Unte levemente uma fôrma quadrada e rasa de 20 cm.

Derreta o chocolate em banho-maria em fogo baixo. Enquanto isso, coloque a água, a glicose e o açúcar em uma panela de fundo grosso e cozinhe em fogo médio até obter um caramelo claro. Retire do fogo, acrescente 15 g de manteiga e deixe esfriar.

Coloque o creme de leite em uma panela pequena, aqueça levemente, incorpore o creme ao caramelo misturando devagar. Acrescente o restante da manteiga, volte ao fogo e cozinhe até o preparo alcançar 118°C em um termômetro culinário.

Retire do fogo e incorpore o chocolate derretido até ficar homogêneo. Despeje na fôrma untada e deixe em temperatura ambiente por uma noite para firmar.

Desenforme, transfira para uma tábua e corte em 25 quadradinhos pequenos com uma faca larga e afiada. Ficam lindos guardados em um vidro ou embrulhados em celofane.

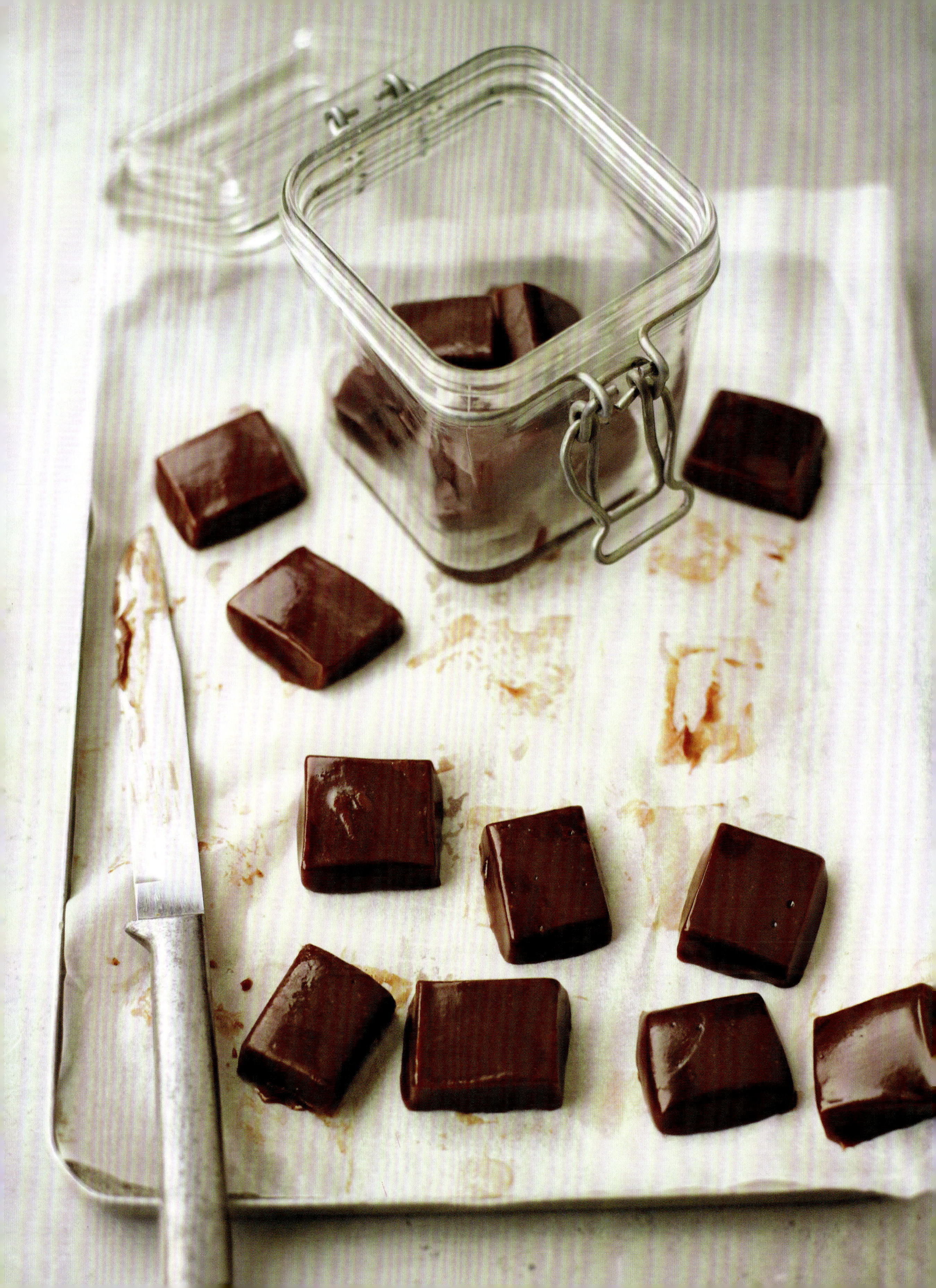

Chocolate quente asteca

Bebidas, pastas e caldas

Chocolate quente asteca

Talvez essa seja a mais antiga receita de chocolate quente que se conhece. Os astecas tomavam essa bebida energizante, que chamavam de *xocolatl*, antes de partir para os combates. Acreditavam que a mistura de chocolate e especiarias tornava os guerreiros preparados para enfrentar qualquer batalha!

Rendimento: 4 canecas
Preparo: 5 minutos
Tempo de cozimento: 5 minutos

1 litro de leite
100 g de chocolate amargo (até 70% de cacau) picado grosseiramente
2 colheres (sopa) de açúcar mascavo claro
1 colher (chá) de canela em pó
1 colher (chá) de noz-moscada ralada na hora
1 colher (chá) de pimenta-do-reino preta moída na hora
100 ml de creme de leite fresco
canela em pó e noz-moscada ralada na hora, para polvilhar

Ferva o leite em uma panela de fundo grosso. Reduza o fogo e acrescente o chocolate, o açúcar e as especiarias.

Com um fouet pequeno, mexa até o chocolate derreter totalmente. Cozinhe em fogo brando por 1 minuto, retire do fogo e adicione o creme de leite.

Antes de servir em canecas altas, polvilhe com a canela em pó e a noz-moscada. Veja na página anterior o apetitoso resultado.

BEBIDAS, PASTAS E CALDAS 151

1. Ferva o leite e adicione o chocolate.

2. Acrescente o açúcar.

3. Junte as especiarias e mexa até o chocolate derreter.

4. Retire do fogo e adicione o creme de leite.

5. Despeje em canecas.

6. Sirva com canela em pó e noz-moscada ralada.

Martíni de chocolate

Começar a noite com um drinque é muito relaxante, ainda mais em boa companhia e com esse especialíssimo martíni. Essa versão com chocolate é surpreendente, mas cuidado: de tão suave, dá vontade de beber mais...

Rendimento: 1 taça
Preparo: 5 minutos, mais o tempo para refrigerar

1 colher (sopa) de chocolate amargo (até 70% de cacau) ralado finamente
50 ml de creme de leite fresco
60 ml de licor Baileys cremoso
60 ml de creme de cacau
20 ml de vodca
cubos de gelo

Prepare as taças de martíni. Com a ponta do dedo, molhe a borda do copo com água. Espalhe o chocolate ralado em um prato pequeno e gire o copo até que a borda esteja toda coberta. Coloque na geladeira e reserve o restante de chocolate.

Antes de servir, bata levemente o creme de leite até engrossar um pouquinho. Coloque todas as bebidas alcoólicas e os cubos de gelo em uma coqueteleira, agite bem, despeje o preparo no copo gelado e acrescente um toque de creme. Termine polvilhando com o restante de chocolate ralado. Sirva imediatamente. Saúde!

Coquetel de chocolate e caramelo

Esse é um dos meus coquetéis favoritos e combina muito com uma noite mais fria. Dá certo trabalho, mas vale a pena e pode ser preparado com antecedência. É delicioso e dá vontade de repetir, então beba com moderação.

Rendimento: 3-4 taças
Preparo: 10 minutos, mais o tempo para refrigerar
Cozimento: 5 minutos

15 g de cacau em pó, mais 1 colher (chá)
1 colher (chá) de calda de açúcar
50 g de açúcar
4 colheres (chá) de água
250 ml de creme de leite fresco
50 ml de creme de cacau
50 ml de licor de laranja
cubos de gelo

Prepare as taças. Coloque 1 colher (chá) de cacau em pó e de calda de açúcar em pratos separados. Mergulhe a borda de cada copo na calda e depois no cacau em pó. Leve à geladeira por 10 minutos.

Coloque o açúcar e a água em uma panela de fundo grosso e aqueça devagar até o açúcar se dissolver, então aumente o fogo e cozinhe até formar um bonito caramelo escuro. Acrescente o creme de leite e mexa com um fouet, raspando o caramelo do fundo da panela. Junte o restante de cacau em pó e cozinhe por mais 2 minutos ou até homogeneizar.

Passe por uma peneira para eliminar os pedacinhos de caramelo e transfira para um liquidificador. Acrescente o creme de cacau e o licor de laranja e bata por 2 minutos. Leve à geladeira.

Na hora de servir, coloque alguns cubos de gelo em uma coqueteleira com a bebida gelada e agite bem. Passe o coquetel por uma peneira, despeje nos copos gelados e sirva imediatamente. A festa vai começar!

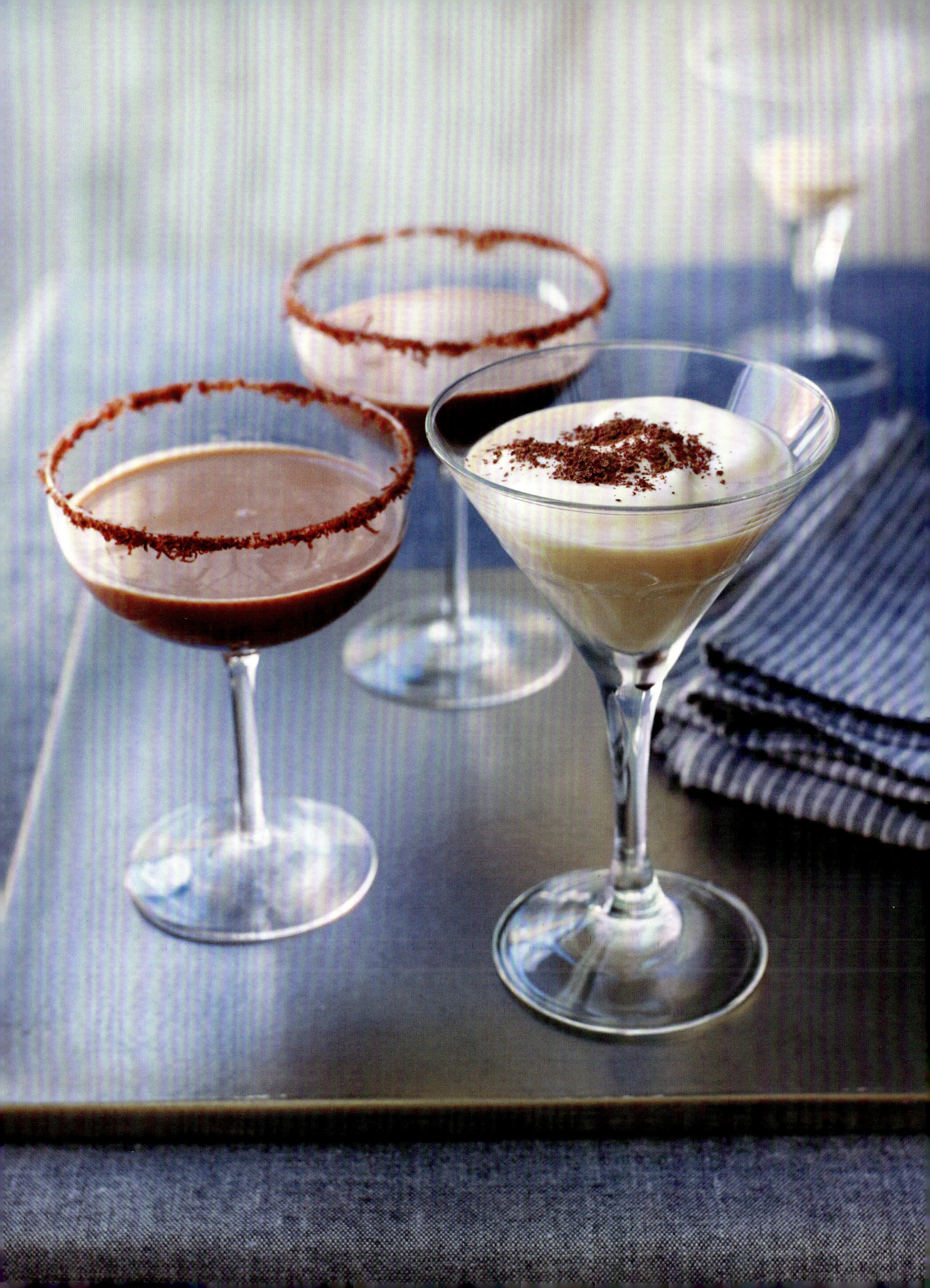

Milkshake de dois chocolates

Essa versão da tradicional bebida norte-americana me faz recordar da primeira refeição que fiz nos Estados Unidos e o meu primeiro milkshake. Ele deve ser sempre cremoso, espesso e suave – quase uma sobremesa em copo.

Rendimento: 4 copos
Preparo: 5 minutos, mais o tempo para refrigerar
Tempo de cozimento: 3 minutos

1 litro de leite

100 g de chocolate amargo (até 70% de cacau) picado grosseiramente

4 colheradas generosas de sorvete de chocolate de boa qualidade

2 colheres (chá) de essência de chocolate (opcional)

2 colheres (sopa) de leite em pó

20 cubos de gelo

chocolate em pó solúvel, para polvilhar

Gele quatro copos altos na geladeira.

Coloque o leite em uma panela e aqueça em fogo baixo. Retire do fogo, acrescente o chocolate e mexa até derreter totalmente. Deixe esfriar um pouco e coloque na geladeira por 10 minutos.

Despeje o leite achocolatado em um liquidificador com os demais ingredientes. Bata na velocidade máxima até o preparo ficar leve e espumoso, sem nenhum pedacinho de gelo.

Coloque nos copos, polvilhe generosamente com o chocolate em pó e sirva imediatamente. Sente-se e aproveite essa invenção genial.

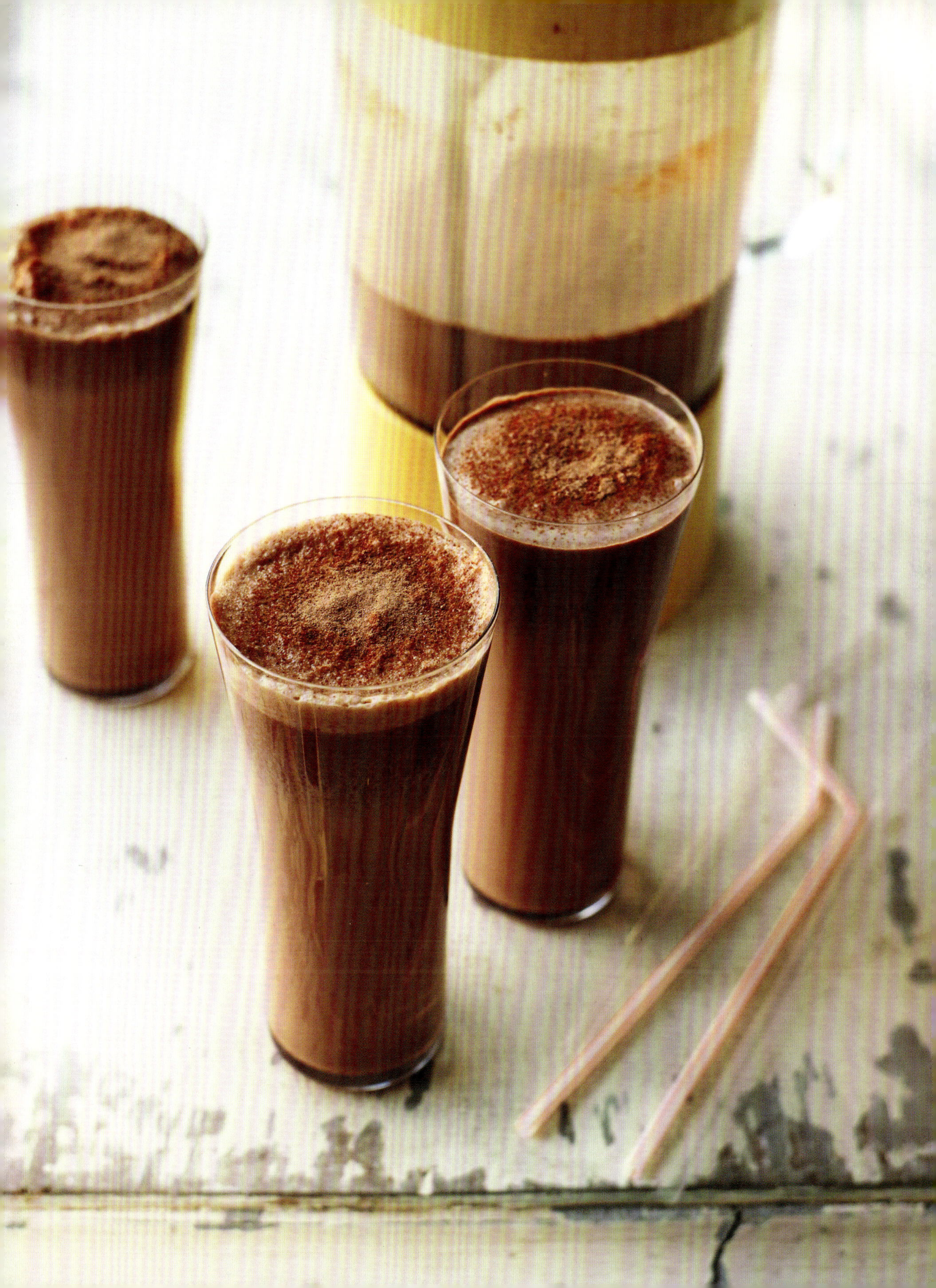

Vaca-preta de chocolate

Essa bebida me traz à lembrança as lanchonetes da minha infância, onde parávamos para comer alguma coisa nos passeios de domingo. Para mim, a melhor pedida era vaca-preta com Coca-Cola, pois nunca se bebia esse refrigerante em casa, então a comemoração era dupla!

Rendimento: 4 copos

Preparo: 10 minutos, mais o tempo para refrigerar

250 ml de creme de leite fresco

1 litro de Coca-Cola

2 colheres (chá) de extrato de baunilha

8 conchas de sorvete de chocolate amargo (até 70% de cacau)

100 g de cereja ao marasquino, mais algumas para enfeitar

25 g de chocolate amargo (até 70% de cacau) ralado

Gele quatro copos de sundae altos.

Bata o creme de leite até ficar um pouco firme, não demais. Reserve.

Bata a Coca-Cola, a baunilha, o sorvete e as cerejas em um liquidificador usando o botão "pulse". Divida em dois lotes se for preciso.

Despeje nos copos gelados, acrescente creme por cima e polvilhe com chocolate ralado. Enfeite com uma cereja para dar um toque kitsch e sirva imediatamente.

Dica

É melhor usar apenas o botão "pulse" ao bater a vaca-preta, pois ela espuma bastante.

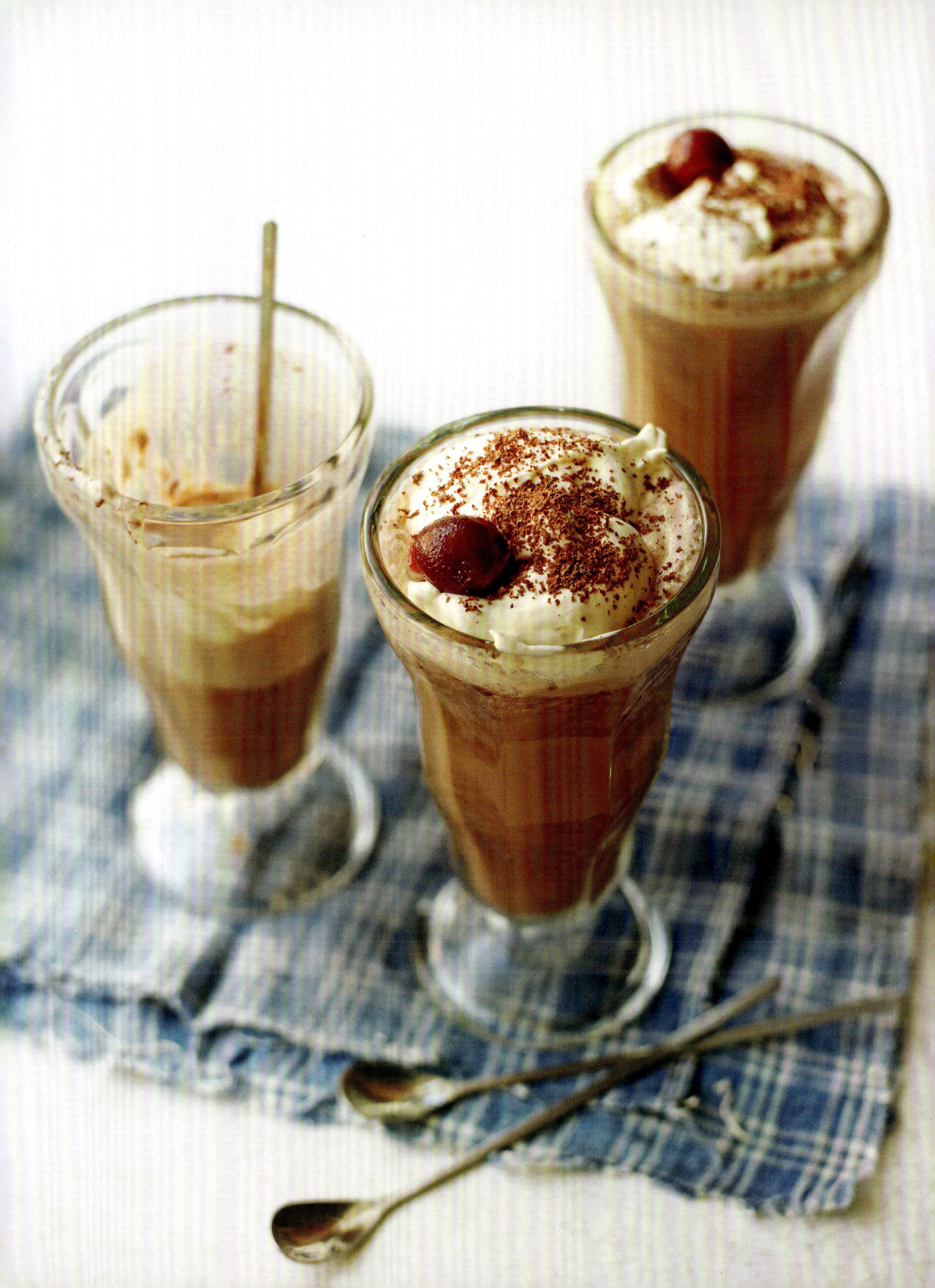

Chocolate quente dos conquistadores

Foram os conquistadores ibéricos que introduziram o cacau na Europa, e essa versão quente também é conhecida como chocolate espanhol. Acrescente raspas de laranja para dar um toque ibérico. Fica perfeita para acompanhar churros!

Rendimento: 6-8 xícaras pequenas
Preparo: 5 minutos
Tempo de cozimento: 10 minutos

250 ml de água
100 g de açúcar mascavo claro
2 colheres (sopa) de maisena
75 g de cacau em pó
500 ml de leite
raspas de 1 laranja
1 colher (chá) de extrato de baunilha
1 colher (chá) de essência de laranja (opcional)

Coloque a água e o açúcar em uma panela de fundo grosso e leve para ferver em fogo baixo, mexendo sempre, até o açúcar se dissolver. Retire do fogo e peneire a maisena e o cacau batendo com um fouet pequeno.

Volte ao fogo e cozinhe até obter uma pasta espessa. Acrescente o leite aos poucos, mexendo sem parar até o preparo ficar homogêneo e brilhante, então junte as raspas de laranja, a baunilha e a essência de laranja, se for usar. Cozinhe em fogo brando por 5 minutos, sem parar de mexer.

Sirva bem quente em pequenas xícaras de café escaldadas.

Dica

Na versão para adultos, substitua a essência de laranja por licor de laranja.

Chocolate quente com menta

Servir chocolate mentolado depois do jantar é quase uma tradição, mas surpreenda seus convidados com essa receita especialíssima – eles vão amar!

Rendimento: 14-16 copinhos
Preparo: 10 minutos
Tempo de cozimento: 10 minutos

200 g de açúcar mascavo claro
100 g de bala de hortelã fervida
500 ml de água
125 g de cacau em pó
2 colheres (sopa) de maisena
500 ml de leite

Ponha o açúcar e as balas de hortelã em um processador e triture até obter um pó fino. Coloque a água e a mistura de açúcar em uma panela de fundo grosso e leve para ferver, mexendo sempre até o açúcar se dissolver. Retire do fogo, peneire e incorpore o cacau em pó e a maisena usando um fouet pequeno.

Volte a panela ao fogo e cozinhe em fogo brando até obter uma pasta cremosa. Acrescente o leite aos poucos, mexendo até o preparo ficar homogêneo e brilhante. Sirva imediatamente em pequenos copos ou xícaras.

O autêntico chocolate quente italiano

Quando eu era criança, minha família costumava esquiar nas férias de inverno. Íamos a uma estação de esqui perto de Turim, e ali eu tomava a fantástica *cioccolata calda*. Segundo a lenda, "se sua colher não ficar em pé na xícara, a receita não é verdadeira" – mas confesso que nem eu consegui chegar à altura!

Rendimento: 6-8 xícaras
Preparo: 5 minutos
Tempo de cozimento: 15 minutos

1 litro de leite
100 g de açúcar mascavo claro
100 g de cacau em pó
150 ml de creme de leite espesso (veja dica na p. 66)
2 colheres (chá) de extrato de baunilha

Coloque o leite e o açúcar em uma panela de fundo grosso e aqueça devagar até o açúcar derreter. Retire do fogo e incorpore o cacau em pó e o creme de leite.

Volte a panela ao fogo e cozinhe em fogo brando, sempre mexendo, por uns 10 minutos, ou até engrossar. Acrescente a baunilha e mexa até ficar espumoso. Sirva em xícaras escaldadas.

Moca brûlée

Essa extraordinária bebida é perfeita para servir numa comemoração especial. Dá um pouco de trabalho, mas vale a pena.

Rendimento: 4 xícaras
Preparo: 10 minutos
Tempo de cozimento: 5 minutos

800 ml de leite

4 xícaras de café expresso curto ou café bem forte feito com 200 ml de água

8 colheres (sopa) de chocolate em pó solúvel

2 colheres (chá) de extrato de baunilha

4 colheres (sopa) de açúcar demerara

Coloque o leite em uma panela e aqueça até quase chegar ao ponto de fervura.

Ponha o café em uma tigela refratária, acrescente o chocolate em pó e misture até ficar homogêneo. Com um fouet pequeno, adicione aos poucos 600 ml de leite quente, mexendo sem parar até o preparo ficar homogêneo. Incorpore a baunilha e distribua em quatro xícaras de café ou pequenas canecas.

Com um espumador, faça espuma com o leite quente restante. Despeje a espuma sobre os cafés e nivele a superfície com uma faca. Polvilhe a espuma de cada xícara com açúcar e caramelize com maçarico. Sirva imediatamente.

Dica

O leite desnatado espuma mais facilmente que o leite integral ou semidesnatado.

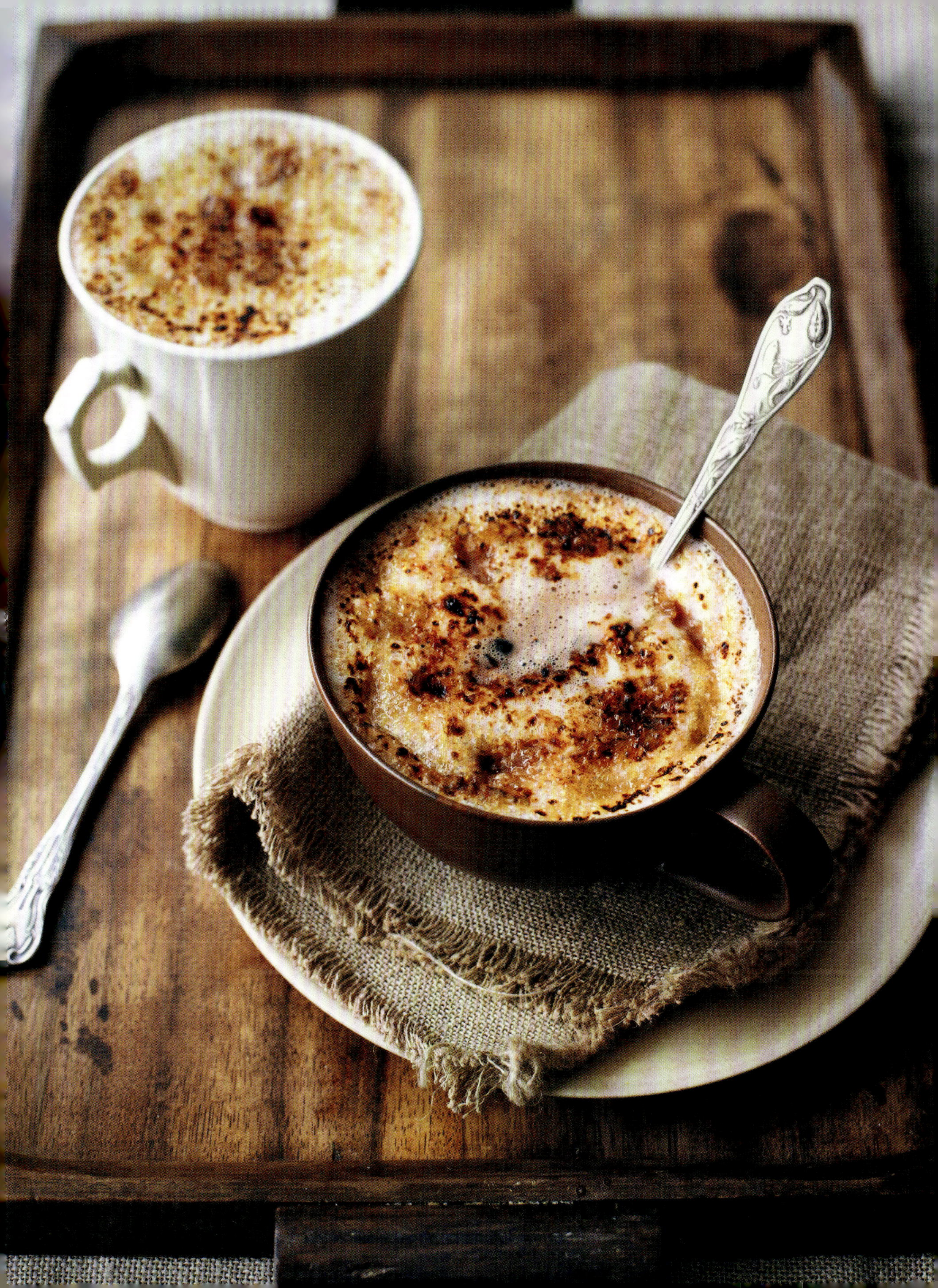

Chocolate vienense

Viena é conhecida como a capital mundial dos cafés, onde há centenas de anos servem cafés, doces e outras delícias. O chocolate vienense é certamente uma das mais famosas bebidas – verdadeira tentação na caneca.

Rendimento: 4 canecas
Preparo: 10 minutos
Tempo de cozimento: 10 minutos

200 g de chocolate amargo (até 70% de cacau) picado grosseiramente

100 ml de creme de leite fresco

25 g de açúcar de confeiteiro

2 colheres (chá) de açúcar de baunilha

1 litro de leite

4 colheres (sopa) de açúcar mascavo claro

cacau e canela em pó, para polvilhar

Derreta o chocolate em banho-maria em fogo baixo.

Enquanto isso, bata o creme em chantili firme com o açúcar de confeiteiro e o açúcar de baunilha. Reserve.

Coloque o leite e o açúcar mascavo em uma panela e cozinhe em fogo brando até o açúcar se dissolver. Aos poucos, incorpore o chocolate derretido e mexa em fogo baixo por 5 minutos, ou até o preparo ficar homogêneo e brilhante.

Despeje o chocolate quente em quatro canecas escaldadas. Adicione uma colher de creme e polvilhe com um pouco de cacau em pó e canela. Sirva imediatamente.

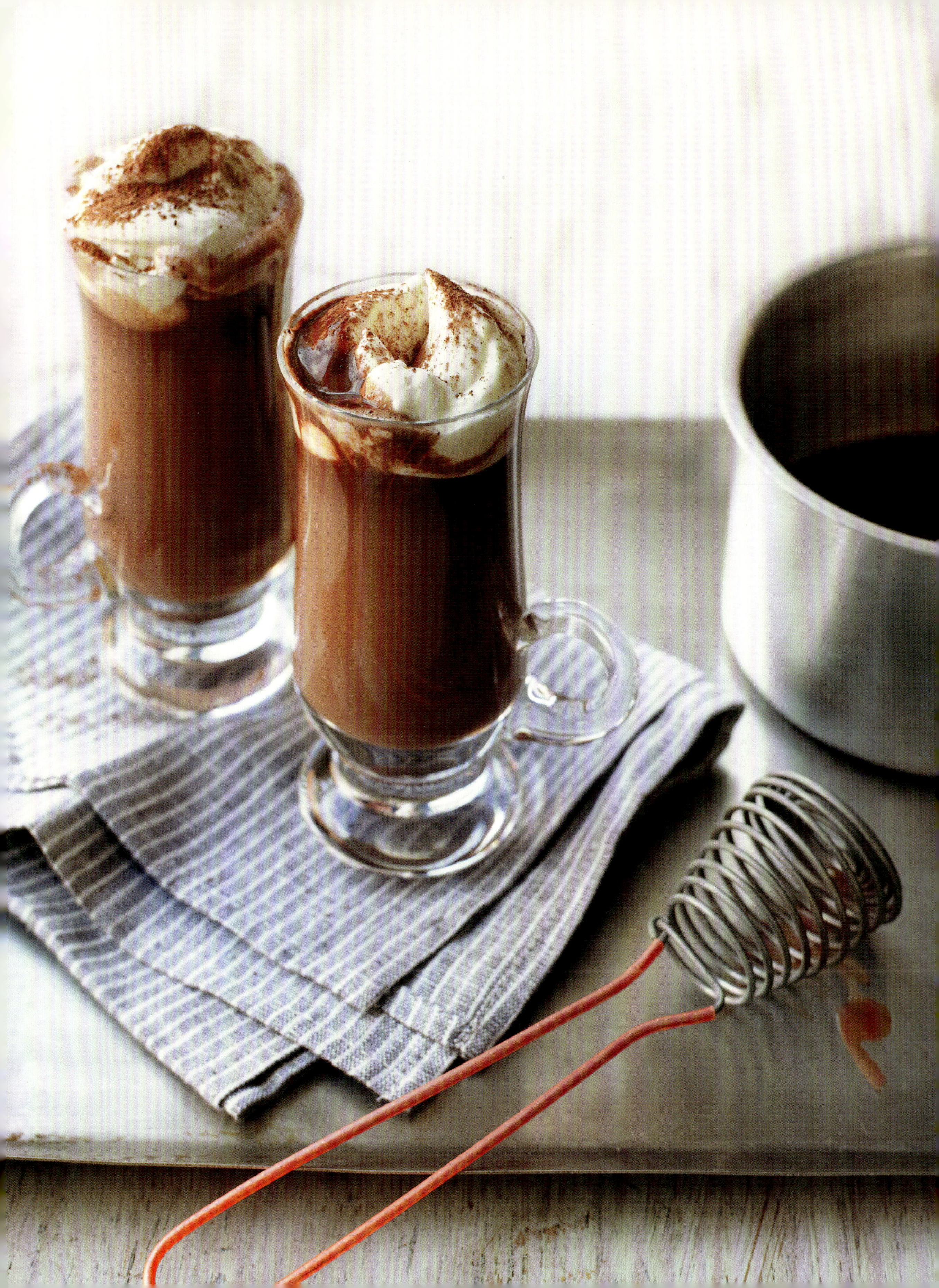

Pasta de avelã e chocolate

Não há nada melhor que um caprichado café da manhã servido com especialidades caseiras como essa deliciosa pasta de avelã e chocolate espalhada generosamente sobre fatias de pão tostadinho. Acondicionada em um vidro especial, ela se transforma num belo presente.

Rendimento: 2 vidros de 450 g
Preparo: 5 minutos, mais o tempo para esfriar
Tempo de cozimento: 10 minutos

100 g de farinha de avelã
150 g de chocolate amargo (até 70% de cacau) picado grosseiramente
250 g de manteiga sem sal
2 colheres (chá) de extrato de baunilha
400 ml de leite condensado
2 colheres (sopa) de óleo de avelã

Preaqueça o forno a 180°C (forno de convecção a 160°C). Espalhe a farinha de avelã sobre uma assadeira e toste por 3-4 minutos, ou até dourar e exalar um delicioso aroma. Deixe esfriar.

Derreta o chocolate com um quarto da manteiga em banho-maria em fogo baixo. Retire a panela do fogo, mas mantenha a tigela dentro. Junte a farinha de avelã tostada e os demais ingredientes, mexendo até o preparo ficar homogêneo e brilhante.

Despeje em vidros esterilizados (veja dica abaixo) e deixe esfriar completamente antes de tampar. Guarde na geladeira por 2 semanas. Tire da geladeira e deixe em temperatura ambiente 1 hora antes de servir.

Pasta de chocolate branco

Muito fácil de preparar, essa pasta é um luxo! Acompanha perfeitamente biscoitos de gengibre ou pão maltado.

Rendimento: 300 ml
Preparo: 5 minutos
Tempo de cozimento: 5 minutos

200 g de chocolate branco picado grosseiramente
150 ml de leite condensado
2 colheres (chá) de pasta de baunilha (encontrada em lojas especializadas ou de importados)
50 ml de creme de leite fresco

Em uma pequena tigela refratária junte todos os ingredientes e cozinhe em banho-maria em fogo baixo, mexendo com cuidado, até obter um preparo homogêneo e brilhante.

Despeje o preparo em pequenos vidros esterilizados (veja dica abaixo) e deixe esfriar totalmente antes de vedar com tampa. Conserve na geladeira por 2 semanas.

Dica

Para esterilizar, coloque vidros limpos, secos e destampados em um forno frio. Aqueça a 180°C (forno de convecção 160°C) e deixe por 20 minutos. Coloque a pasta de chocolate nos vidros ainda quentes.

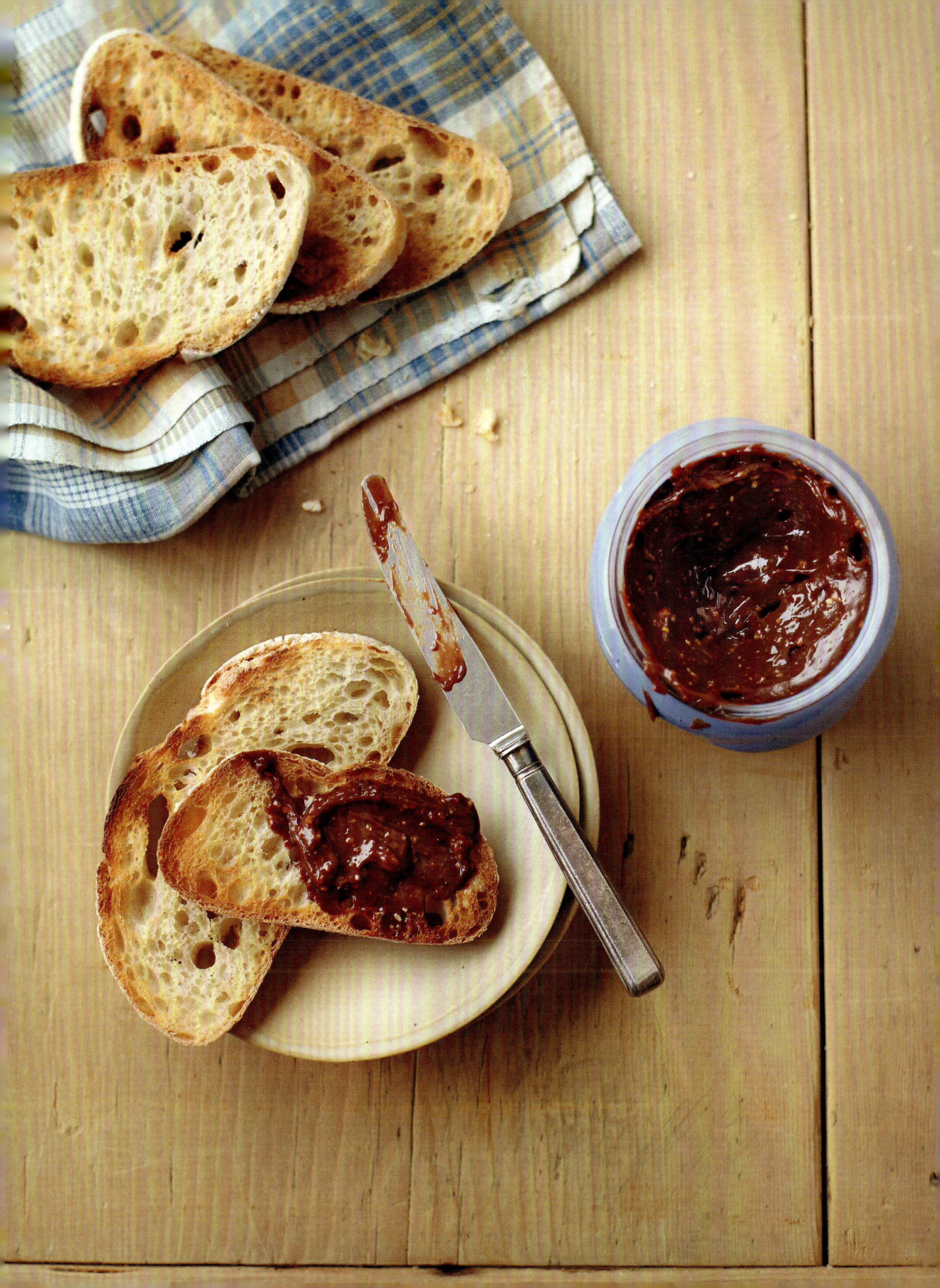

Fondue de chocolate

Fondue de chocolate parece uma coisa um tanto antiquada, mas é uma ótima alternativa como sobremesa, perfeita para ocasiões especiais. Não se prenda à receita, solte a imaginação na escolha dos acompanhamentos.

Rendimento: 6 porções
Preparo: 15 minutos
Tempo de cozimento: 5 minutos

300 g de chocolate amargo (até 70% de cacau) picado grosseiramente

2 colheres (sopa) de leite

250 ml de creme de leite fresco

75 g de manteiga sem sal em temperatura ambiente

1 colher (chá) de canela em pó

1 colher (chá) de extrato de baunilha

2 colheres (sopa) de rum escuro

Para os acompanhamentos

3 bananas cortadas em fatias grossas

3 peras maduras descascadas, sem sementes, cortadas em pedaços grandes

suco de 1 limão-siciliano

12 marshmallows grandes

frutas secas variadas, como figo, tâmara e ameixa

150 g de avelã assada e picada (veja dica na p. 44)

150 g de coco ralado

Prepare as frutas. Passe suco de limão nas bananas e peras para evitar que escureçam. Arrume as frutas frescas e secas e os marshmallows em um prato grande ou em tigelinhas, junto com as avelãs e o coco. Disponha os espetos de metal ou madeira ao lado das frutas.

Para a fondue, coloque a panela apropriada ou uma tigela refratária de servir em banho-maria em fogo baixo. Acrescente o chocolate e o leite, deixe derreter, adicione o creme de leite e misture bem. Mantenha quente e, pouco antes de servir, acrescente a manteiga, a canela, a baunilha e o rum.

Leve a fondue quente à mesa para as pessoas se servirem. Use os espetos para mergulhar frutas e marshmallows no chocolate quente e depois empane com avelãs picadas e coco ralado. É um jeito bem divertido de terminar uma refeição!

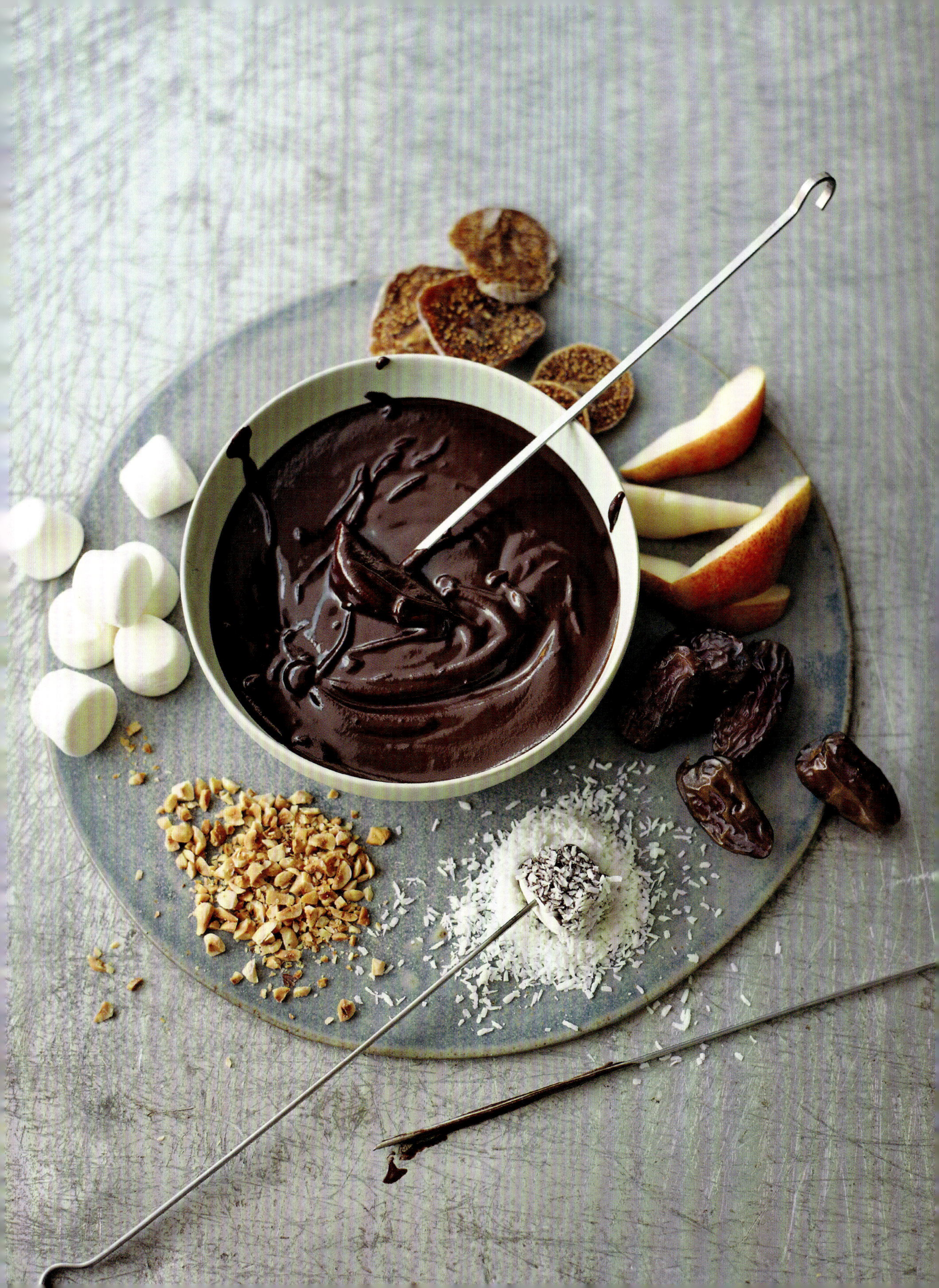

Quatro caldas de chocolate

As caldas de chocolate são perfeitas para acompanhar sobremesas, panquecas, waffles e sorvetes. Aqui estão as minhas quatro prediletas.

Calda de chocolate amargo

Rendimento: 500 ml
Preparo: 5 minutos
Tempo de cozimento: 2 minutos

125 ml de leite
125 ml de creme de leite fresco
50 g de açúcar
200 g de chocolate amargo (até 70% de cacau) picado
40 g de manteiga sem sal em temperatura ambiente

Coloque o leite, o creme de leite e o açúcar em uma panela e aqueça devagar até o açúcar se dissolver. Retire do fogo, acrescente o chocolate e mexa até derreter. Incorpore a manteiga. Sirva quente sobre sorvetes e profiteroles, ou gelada sobre bolos e crepes.

Calda de chocolate e creme irlandês

Faça a calda de chocolate como acima, acrescentando 3 colheres (sopa) de licor Baileys depois de incorporar a manteiga.

Calda de limão e chocolate branco

Rendimento: 300 ml
Preparo: 5 minutos
Tempo de cozimento: 2 minutos

150 ml de creme de leite fresco
4 colheres (sopa) de leite
200 g de chocolate branco picado
raspas de 1 limão-siciliano
1 colher (sopa) de
azeite extravirgem

Ferva o creme de leite e o leite em fogo baixo. Retire do fogo e incorpore o chocolate, mexendo até derreter e ficar homogêneo, então junte as raspas de limão e o azeite. Essa calda é perfeita para acompanhar sobremesas com frutas.

Calda de chocolate ao leite e avelã

Rendimento: 300 ml
Preparo: 5 minutos
Tempo de cozimento: 5 minutos

200 g de chocolate ao leite
picado grosseiramente
75 ml de creme de leite fresco
1 colher (chá) de extrato
de baunilha
2 colheres (chá) de mel
25 g de farinha de avelã tostada
(veja dica na p. 44)

Derreta o chocolate em banho-maria em fogo baixo. Incorpore o creme de leite, a baunilha e o mel e mexa até o preparo ficar homogêneo e brilhante, então adicione a farinha de avelã. Sirva quente sobre sorvetes, panquecas ou frutas.

Glacê de chocolate

Esse glacê de preparo fácil é delicioso, maleável, brilhante e perfeito para cobrir bolos e doces como brownies. E também pode ser usado para expressar sua veia artística em frutas, pratos ou mesmo partes do corpo! Use um pincel fininho e divirta-se!

Rendimento: 150 ml
Preparo: 2 minutos
Tempo de cozimento: 3 minutos

125 g de chocolate amargo (até 70% de cacau) picado grosseiramente

50 g de manteiga sem sal

1 colher (sopa) de golden syrup (veja dica)

1 colher (chá) de extrato de baunilha

Derreta o chocolate, a manteiga e o golden syrup em banho-maria em fogo baixo, mexendo de vez em quando, até o preparo ficar homogêneo e brilhante. Acrescente a baunilha.

Com uma espátula, espalhe o glacê sobre bolos ou brownies.

Dica

O golden syrup é um xarope dourado, com consistência de mel, e não tem equivalente à venda no Brasil, mas pode ser substituído por esta versão caseira:

Você vai precisar de 600 g de açúcar, 300 ml de água fervente, mais 3 colheres (sopa), 2 fatias de limão e termômetro culinário.

Misture 100 g de açúcar com 3 colheres (sopa) de água e leve ao fogo médio, mexendo apenas até dissolver o açúcar. Deixe fervilhando até atingir uma cor de caramelo claro. Junte 300 ml de água fervente (cuidado com os respingos!) e os 500 g de açúcar restantes e mexa para misturar. Junte o limão, coloque o termômetro e deixe ferver em fogo brando, sem mexer, até atingir 118°C. Retire do fogo, retire o limão, deixe esfriar um pouco e passe por um coador diretamente para um frasco esterilizado. Ainda estará com consistência fluida, mas encorpa ao esfriar. Tampe depois de completamente frio. Guarde por 2 meses em lugar seco, arejado e escuro.

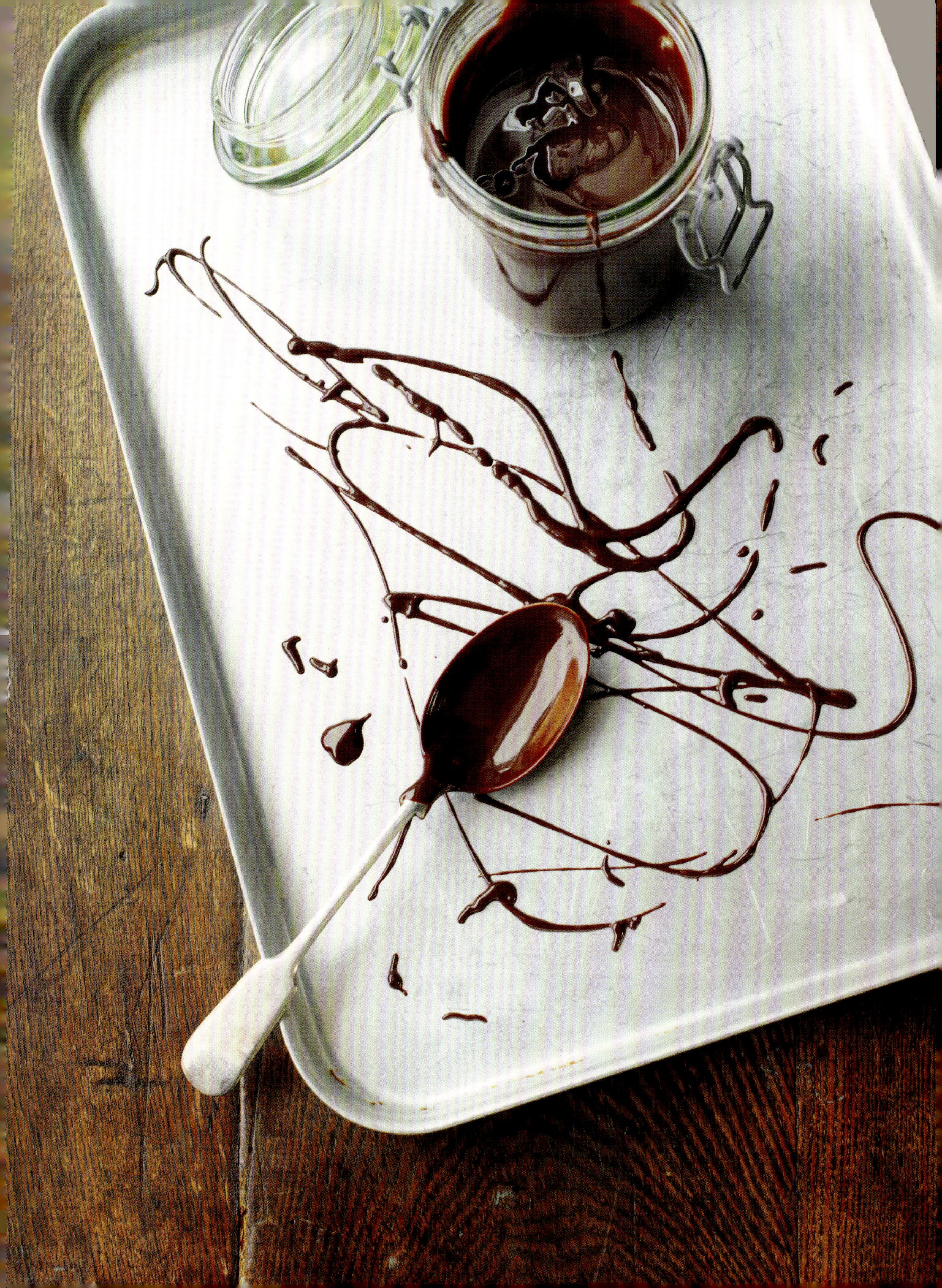

Índice

Todas as receitas levam chocolate amargo, exceto aquelas em que há indicação de chocolate ao leite ou branco.

A

abóbora, bolo de chocolate, abóbora e noz-pecã 62-3
África ocidental 8
Alsácia, kouglof de chocolate 60-1
amaretto 104, 122, 140
amêndoa
    bombom crocante de chocolate 130
    bouchée de avelã 134
    florentino de chocolate 48-9
    kouglof de chocolate 60
América Central 8
América do Sul 8
amora, mil-folhas de chocolate e amora 78-9
arlequim 86-7
astecas 8, 150
autêntico bolo Floresta Negra, o 98-9
autêntico chocolate quente italiano, o 159
avelã
    bombom crocante de chocolate 130
    bouchée de avelã 134-5
    calda de chocolate ao leite e avelã 169
    florentino de chocolate 48-9
    fondue de chocolate 166
    muffin de chocolate e avelã 34-5
    palet d'or 132
    pasta de avelã e chocolate 164

B

bala de chocolate 142
banana
    fondue de chocolate 166
    samosa de chocolate 105
    tarte tatin de chocolate e banana 84-5
banho-maria 11
barrinha de chocolate com mel 136-7
baunilha
    bolo de chocolate com crème brûlée de baunilha e cassis 112
    bolo marmorizado de chocolate e baunilha 16-7
bebidas
    autêntico chocolate quente italiano, o 159
    chocolate quente asteca 150-1
    chocolate quente dos conquistadores 158
    chocolate quente com menta 159
    chocolate vienense 162-3
    coquetel de chocolate e caramelo 152-3
    martíni de chocolate 152-3
    milkshake de dois chocolates 154-5
    moca brûlée 160-1
    vaca-preta de chocolate 156-7
biscoito champanhe, charlote de damasco e chocolate 66-7
biscoitos
    amaretti 122
    biscotto de chocolate e pistache 46-7
    florentino de chocolate 48-9
    shortbreads 56, 57
    speculaas 113
    veja também cookies
bolos
    bolo de caramelo salgado 40-1
    bolo de chocolate com crème brûlée de baunilha e cassis 112
    bolo de chocolate, abóbora e noz-pecã 62-3
    bolo marmorizado de chocolate e baunilha 16-7
    bolo suíço de nozes e chocolate 42-4
    cheesecake de chocolate e café 96-7
    de chocolate branco
        bolo bicolor de chocolate branco, framboesa e limão 114-5
        cheesecake de chocolate branco e maracujá 94-5
    gâteau basco de chocolate 32-3
    kouglof de chocolate 60-1
    kouign amann de chocolate 24
    minibolo red velvet com cobertura de chocolate branco 26-7
    moelle de chocolate amargo 30-1
    pain d'épice de chocolate 36-7
    pão de chocolate com rum e uva-passa 50-1
    pão de ló de chocolate sem farinha 28
    tortinha trufada de chocolate e castanha--portuguesa 90-1
bombom crocante de chocolate 130-1
bouchée de avelã 134-5
Bretanha
    caramelo de chocolate 146
    kouign amann de chocolate 24
    shortbread bretão com chocolate 56
brownies
    brownie com suspiro de chocolate 88-9
    brownie de chocolate 22-3

C

cacau
    frutos 8
    manteiga 10
    porcentagem no chocolate 10
café
    calda 80
    cheesecake de chocolate e café 96
    creme amanteigado de café 80
    moca brûlée 160-1
    palet d'or 132
    tiramisù de chocolate branco 113
    trufa à moda antiga 126-7
caldas
    calda de chocolate amargo 168
    calda de chocolate ao leite e avelã 169
    calda de chocolate branco 100-1
    calda de chocolate e creme irlandês 168
    calda de limão e chocolate branco 169
    de café 80
    de kirsch 98
    de uísque 86
canela
    chocolate quente asteca 150-1
    pain d'épice de chocolate 36-7
    waffle de chocolate 54-5
    rosquinha de chocolate e canela 18-9
caramelo
    bolo de caramelo salgado 40-1
    caramelo de chocolate 146
    coquetel de chocolate e caramelo 152-3
cassis 68, 78, 108, 112
    bolo de chocolate com crème brûlée de baunilha e cassis 112
    royale de chocolate com cassis 108-9
castanha-portuguesa, tortinha trufada de chocolate e castanha-portuguesa 90-1
cereja
    autêntico bolo Floresta Negra, o 98
    cereja coberta com chocolate 133
    vaca-preta de chocolate 156
champanhe, trufa explosiva ao champanhe rosé 128
charlote de damasco e chocolate 66-7

ÍNDICE

cheesecakes
  cheesecake de chocolate branco e maracujá 94-5
  cheesecake de chocolate e café 96-7
Chez Janou (bistrô parisiense) 104
chocolate
  como conservar 10
  como derreter 11
  como escolher 10
  como temperar 12-3
  história 8
  processo de produção 8
chocolate ao leite
  barrinha de chocolate com mel 136-7
  bombom crocante de chocolate 130-1
  bouchée de avelã 134-5
  calda de chocolate ao leite e avelã 169
  verrine de três chocolates 110-1
chocolate ao leite suíço 8
chocolate branco
  arlequim 86-7
  barrinha de chocolate com mel 136-7
  biscoito macio irresistível! 29
  bolo bicolor de chocolate branco, framboesa e limão 114-5
  caldas
    com frutas vermelhas 100-1
    com limão 169
  cheesecake de chocolate branco e maracujá 94-5
  creme chantili 120
  fantástica pavlova de chocolate, a 116-7
  madeleine de chocolate branco e limão 25
  minibolo red velvet com cobertura de chocolate branco 26-7
  muffin de chocolate branco e pêssego 45
  pasta de chocolate branco 164
  tiramisù de chocolate branco 113
  tortinha de morango e chocolate branco 120-1
  trufa de chocolate e laranja 144-5
  verrine de três chocolates 110-1
chocolate com menta
  chocolate quente com menta 159
  quadradinho de chocolate e menta 138
chocolate quente
  autêntico chocolate quente italiano, o 159
  chocolate quente asteca 150-1
  chocolate quente com menta 159
  chocolate quente dos conquistadores 158
  chocolate vienense 162-3
  moca brûlée 160-1
  origens 8

chocolate vienense 162-3
clafoutis de pera e chocolate 76-7
compota de laranja e moscatel 118
conhaque 60, 68, 104, 128, 133
conservação de chocolate 10
cookies
  biscoito macio irresistível! 29
  veja também biscoitos
copinho de chocolate 68-9
coquetéis 152
Cortés, Hernán 8
creme
  chantili 120
  de chocolate amargo 78, 86
  de chocolate branco 86
  de kirsch 98
creme amanteigado 30
  de café 80
crème brûlée
  bolo de chocolate com crème brûlée de baunilha e cassis 112
  crème brûlée de chocolate e tonca 72-3
creme de cacau 152
creme de chocolate com baunilha 32
creme irlandês
  calda de chocolate e creme irlandês 168
  martíni de chocolate 152
crumble de limão 52
  veja também limão; laranja

D
derretimento de chocolate 11

E
especiarias, pain d'épice 36-7

F
farinha de amêndoa
  bolo bicolor de chocolate branco, framboesa e limão 114
  financier de chocolate com crumble de limão 52-3
  gâteau basco de chocolate 32
  gâteau Opéra 80-1
  macaron de dois chocolates 38-9
  moelle de chocolate amargo 30

pão de chocolate com rum e uva-passa 50
petit gâteau de chocolate e amaretto 122
fermento biológico
  kouign amann de chocolate 24
  kouglof de chocolate 60
  rosquinha de chocolate e canela 18-9
financier de chocolate com crumble de limão 52-3
flocos de arroz 130, 136
florentino de chocolate 48-9
folhas de ouro comestíveis 50, 80, 132
fondant de chocolate com compota de laranja e moscatel 118-9
fondue de chocolate 166-7
framboesa
  autêntico bolo Floresta Negra, o 98
  bolo bicolor de chocolate branco, framboesa e limão 114-5
  muffin de chocolate branco e pêssego 45
  omelete-suflê de chocolate 92
  rocambole de chocolate e framboesa 106-7
  torta de framboesa e chocolate 74-5
frutas vermelhas
  frutas vermelhas em calda de chocolate branco 100-1
  moelle de chocolate amargo 30-1
  omelete-suflê de chocolate 92
  veja também amora; framboesa; morango
fudge de chocolate 143

G
ganache 30, 38, 50, 74, 80, 132
gâteaus
  autêntico bolo Floresta Negra, o 98-9
  gâteau basco de chocolate 32-3
  gâteau Concorde 70-1
  gâteau Opéra 80-1
glacê de chocolate 60, 170-1
glúten, receitas sem
  pão de ló de chocolate sem farinha 28
  tortinha trufada de chocolate e castanha-portuguesa 90-1

K
kirsch 98
kouglof de chocolate 60-1
kouign amann de chocolate 24

L

laranja
  chocolate quente dos conquistadores 158
  compota de laranja e moscatel 118-9
  licor 68, 104, 144, 152, 158
  trufa de chocolate e laranja 144-5
Lenôtre, Gaston 70
licor de framboesa 68, 106
limão
  bolo bicolor de chocolate branco, framboesa e limão 114-5
  financier de chocolate com crumble de limão 52
  madeleine de chocolate branco e limão 25
Lindt, Rodolphe 8

M

macadâmia, biscoito macio irresistível! 29
macaron de dois chocolates 38-9
madeleine de chocolate branco e limão 25
maias 8
manteiga com sal
  bolo de caramelo salgado 40-1
  caramelo de chocolate 146
maracujá, cheesecake de chocolate branco e maracujá 94-5
marshmallow
  com fondue de chocolate 166
  marshmallow de chocolate 140-1
martíni de chocolate 152-3
massas
  amanteigada 120
  de chocolate 74
  filo 105
  folhada 78, 84
mel
  barrinha de chocolate com mel 136-7
menta
  chocolate quente com menta 159
  quadradinho de chocolate e menta 138
merengue crocante de chocolate e malte 58
  veja também suspiros
micro-ondas 11
mil-folhas de chocolate e amora 78-9
milkshake de dois chocolates 154-5

minibolos
  minibolo red velvet com cobertura de chocolate branco 26-7
  petit gâteau de chocolate e amaretto 122-3
moca brûlée 160-1
Montezuma 8
morango, tortinha de morango e chocolate branco 120-1
muffins
  muffin de chocolate branco e pêssego 45
  muffin de chocolate e avelã 34-5
musses
  bolo de chocolate com crème brûlée de baunilha e cassis 112
  de chocolate 66, 70, 108
  musse de chocolate de bistrô francês 102-4

N

nozes
  bolo suíço de nozes e chocolate 42-4
  florentino de chocolate 48-9
noz-pecã, bolo de chocolate, abóbora e noz-pecã 62-3

O

olmecas 8
omelete-suflê de chocolate 92-3

P

pain au chocolat 20-1
pain d'épice de chocolate 36-7
País Basco, gâteau basco de chocolate 32-3
palet d'or 132
pão de ló
  bolo bicolor de chocolate branco, framboesa e limão 114-5
  moelle de chocolate amargo 30-1
  pão de ló de chocolate sem farinha 28
  rocambole de chocolate e framboesa 106-7
  royale de chocolate com cassis 108-9
pastas
  pasta de avelã e chocolate 164
  pasta de chocolate branco 164
pavlova 116-7

pera
  clafoutis de pera e chocolate 76-7
  fondue de chocolate 166
pêssego, muffin de chocolate branco e pêssego 45
Peter, Daniel 8
petits fours, financier de chocolate com crumble de limão 52-3
pralinê de lapsang-souchong 139
pudins **veja** sobremesas

R

receitas sem farinha **veja** glúten, receitas sem
rocambole de chocolate e framboesa 106-7
rosquinha de chocolate e canela 18-9
Roux, Michel e Albert 106
rum
  fondue de chocolate 166
  pão de chocolate com rum e uva-passa 50-1
  shortbread bretão com chocolate 56
  suflê quente de chocolate amargo 82

S

samosa de chocolate 105
shortbreads
  shortbread bretão com chocolate 56
  shortbread de chocolate 57
sobremesas
  arlequim 86-7
  autêntico bolo Floresta Negra, o 98-9
  bolo de chocolate com crème brûlée de baunilha e cassis 112
  brownie com suspiro de chocolate 88-9
  charlote de damasco e chocolate 66-7
  cheesecake de chocolate e café 96-7
  clafoutis de pera e chocolate 76-7
  copinho de chocolate 68-9
  crème brûlée de chocolate e tonca 72-3
  de chocolate branco
    bolo bicolor de chocolate branco, framboesa e limão 114-5
    cheesecake de chocolate branco e maracujá 94-5
    tiramisù de chocolate branco 113
    tortinha de morango e chocolate branco 120-1

ÍNDICE

fantástica pavlova de chocolate, a 116-7
fondant de chocolate com compota de laranja e moscatel 118-9
fondue de chocolate 166-7
frutas vermelhas em calda de chocolate branco 100-1
gâteau Concorde 70-1
gâteau Opéra 80-1
mil-folhas de chocolate e amora 78-9
musse de chocolate de bistrô francês 102-4
omelete-suflê de chocolate 92-3
petit gâteau de chocolate e amaretto 122-3
rocambole de chocolate e framboesa 106-7
royale de chocolate com cassis 108-9
samosa de chocolate 105
suflê quente de chocolate amargo 82-3
tarte tatin de chocolate e banana 84-5
torta de framboesa e chocolate 74-5
tortinha trufada de chocolate e castanha-portuguesa 90-1
sorvete 82, 154, 156
verrine de três chocolates 110-1
Sudeste Asiático 8
suflês
    omelete-suflê de chocolate 92-3
    suflê quente de chocolate amargo 82-3
suspiros
    brownie com suspiro de chocolate 88-9
    fantástica pavlova de chocolate, a 116-7
    gâteau Concorde 70-1
    merengue crocante de chocolate e malte 58-9

T

tarte tatin de chocolate e banana 84-5
temperagem de chocolate 12-3
tiramisù de chocolate branco 113
toffee, caramelo de chocolate 146-7
tonca, crème brûlée de chocolate e tonka 72-3
tortas
    torta de framboesa e chocolate 74-5
    tortinha de morango e chocolate branco 120-1
trufas
    trufa à moda antiga 126-7
    trufa de chocolate e laranja 144-5
    trufa explosiva ao champanhe rosé 128-9
trufas e outras delícias
    bala de chocolate 142
    barrinha de chocolate com mel 136-7
    bombom crocante de chocolate 130-1
    bouchée de avelã 134-5
    caramelo de chocolate 146-7
    cereja coberta com chocolate 133
    fudge de chocolate 143
    marshmallow de chocolate 140-1
    palet d'or 132
    pralinê de lapsang-souchong 139
    quadradinho de chocolate e menta 138
    trufa à moda antiga 126-7
    trufa de chocolate e laranja 144-5
    trufa explosiva ao champanhe rosé 128-9

U

uva-passa, pão de chocolate com rum e uva-passa 50-1

V

vaca-preta de chocolate 156-7
verrine de três chocolates 110-1
vodca 152

W

waffle de chocolate 54-5

Sobre o autor

Eric Lanlard, *maître pâtissier* duas vezes vencedor do prestigiado Continental Pâtissier of the Year pelo British Baking Awards, ganhou fama internacional por criar receitas de excelência para uma clientela renomada, que inclui de Madonna a Elton John. Depois de praticar na França, Eric se mudou para Londres, onde dirigiu uma pâtisserie para os franceses Albert e Michel Roux, donos do primeiro restaurante na Grã-Bretanha a ganhar três estrelas Michelin. Passou cinco anos nesse trabalho antes de alçar voo solo na Cake Boy, reunindo em um só ponto londrino um café gourmet, uma loja de bolos e tortas e uma escola de culinária. Apresentador do programa de TV *Baking Mad with Eric Lanlard*, já em sua segunda temporada no Channel 4 britânico, Eric apareceu em diversos outros programas de culinária, a exemplo de *Masterchef: The Professionals*, *Mary Queen of Shops*, *Great British Bake Off* e *Junior Bake Off*. É coautor de *Cox Cookies & Cake* (Mitchell Beazley) e autor de *Master Cakes* (Hamlyn), *Feito em casa* (Larousse) e *Tart It Up!* (Mitchell Beazley).

Agradecimentos

Este livro não teria acontecido sem o integral apoio de Denise Bates e sua equipe na Mitchell Beazley. Agradeço especialmente a Alison Starling por reunir a sua melhor equipe e garantir que o longo processo de criação fosse suave e resultasse em um livro fabuloso. As minhas receitas, lindamente apresentadas em todas as páginas, mostram-se acessíveis e incrivelmente tentadoras! Assim como nos três últimos livros, Juliette e Sybella fizeram um trabalho fantástico com o projeto e um esforço para decifrar meu inglês ruim. A união de seus talentos, assim como a maravilhosa fotografia de Kate Whitaker e a produção de Liz Belton, fizeram deste livro um verdadeiro sucesso.

Este é o primeiro livro em que destaco um único ingrediente principal, e devo agradecer a Wendy Lee, minha consultora culinária, por ter provado todas as receitas, e a Rachel Wood, por ter me ajudado a recriá-las para as fotografias... Lamento se vocês ficaram saturadas de chocolate! Mas tenho certeza de que logo vão voltar a gostar desse ingrediente. Como sempre, passamos ótimos momentos trabalhando juntos, rindo muito e merecendo o frango frito com champanhe com que festejamos o último dia de trabalho.

Também quero agradecer ao grupo que chamo de Equipe Eric: Annie, minha agente, Jean, minha assessora de imprensa, e minha equipe na Cake Boy, pelo apoio e ajuda permanentes. Meus agradecimentos a Fiona, da Mitchell Beazley, e a Liz, da Hachette USA, por terem acreditado em mim e pelo ótimo trabalho para promover este lindo livro do qual tenho muito orgulho.

À bientôt pour le prochain livre!

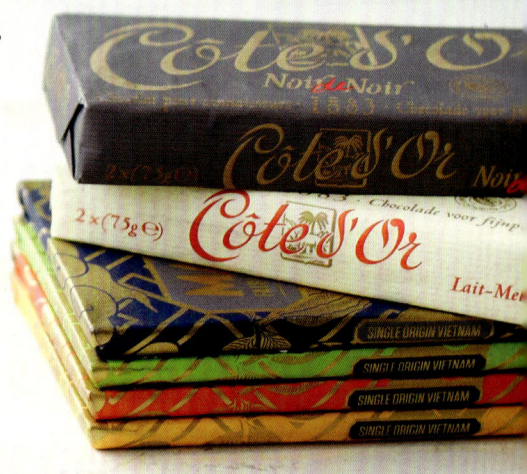

Eric